国家语委“十二五”科研规划科研项目

“‘一体两翼’大学生母语素质及提高模式研究”（YB125-100）

大学生母语素质教育及提升研究

李洪亮　著

山东大学出版社

图书在版编目(CIP)数据

大学生母语素质教育及提升研究 / 李洪亮著.
—济南:山东大学出版社,2018.12
ISBN 978-7-5607-6256-2

Ⅰ. ①大…
Ⅱ. ①李…
Ⅲ. ①大学生-母语-教学研究
Ⅳ. ①H193

中国版本图书馆 CIP 数据核字(2018)第 295292 号

责任编辑:尹凤桐
封面设计:牛　钧

出版发行:山东大学出版社
社　址　山东省济南市山大南路 20 号
邮　编　250100
电　话　市场部(0531)88363008
经　销:新华书店
印　刷:济南华林彩印有限公司
规　格:720 毫米×1000 毫米　1/16
13.5 印张　208千字
版　次:2018 年 12 月第 1 版
印　次:2018 年 12 月第 1 次印刷
定　价:28.00 元

目 录

第一章　大学生母语教育研究概述

党的十九大报告指出：文化是一个国家、一个民族的灵魂。文化兴国运兴，文化强民族强。文化自信是一个国家、一个民族发展中更基本、更深沉、更持久的力量。教育部要求高校要全面贯彻党的教育方针，落实立德树人根本任务，发展素质教育，推进教育公平，培养德智体美全面发展的社会主义建设者和接班人。

高校语言文字工作的重要任务是落实立德树人任务，提高大学生母语素质，培养学生形成社会主义核心价值观。目前，大学生母语素质已引起社会的广泛关注和国家的高度重视，许多语言文字专家着手开展大学生母语素质研究，并取得了部分成果，具有很高的价值。大学生母语素质教育是一项系统工程，许多工作需要学校顶层设计、系统实施。但是目前，从一所高校语言文字管理者的层面来研究、实施大学生母语素质教育的文献却还很少。

本书从学校语言文字工作委员会、教务处等宏观管理的角度，研究设计了"一体两翼"大学生母语素质提高模式，从课程教学、普通话水平测试、"经典诵读"行动三个维度研究提升大学生母语素质。首先，在课程教学主体方面注重全面提升；其次，在普通话水平测试、"经典诵读"行动两翼方面注重个性化水平提高，满足大学生的个性提升需求。该模式既把握了课堂教学的主渠道，注重遵循教育规律和大学生的心理特点，又在普通话水平测试和"经典诵读"行动方面丰富学生的第二课堂，注重大学生的个体差异，发挥个性化特长，形成了提升大学生母语素质的立体空间。该模式符合"以人为本"的教育理念，尊重学生的个体差异，符合"课程思政"的实施要求，注重加强学生社会主义核心价值观教育。

第一节　概念辨析

要准确地把握母语的含义，我们应该对以下概念予以了解。

一、母语

现代汉语词典中对母语的解释为：(1)一个人最初学会的一种语言，在一般情况下是本民族的标准语或某一种方言。(2)有些语言是从一个语言演变出来的，那个共同的来源，就是这些语言的母语。[①] 后者不在本文研究讨论之内。

辞海对母语的解释为：(1)指本族语；(2)指同一语系中作为各种语言的共同始源的一种语言。[②] 后者不在本文研究讨论之内。

1951 年，联合国教科文组织组织专家讨论母语在教育中的应用问题。专家会议的报告在结论中这样写道："母语是一个人进行自我表达的天然工具，它的首要需求之一就是充分发展自我表达的能力。""每个学生在开始接受正规教育时都应使用其母语。"

李宇明先生认为，母语是个民族领域的概念，反映的是个人或民族成员对民族语言和民族文化的认同，或者说是民族忠诚。[③]

作者认为，母语通常指说话人的本族语，大学生母语在本课题中特指汉民族的母语，即汉语。

---

① 参见中国社会科学院语言研究所词典编辑室：《现代汉语词典》，商务印书馆出版 1978 年版，第 797 页。

② 参见辞海编辑委员会：《辞海》，上海辞书出版社 1989 年版，第 1808 页。

③ 参见李宇明：《论母语》，《世界汉语教学》2003 年第 1 期。

二、母语素质

母语素质包括口语能力、书面理解和表达能力等，口语能力可以在一个人的自然成长过程中，通过与同一语言社团成员的接触自然而然地获得，而书面理解和表达能力则通常需通过学校教育才能获得。[①]

《国家中长期语言文字事业改革和发展规划纲要》明确提出，具有中等及以上教育程度的国民，其国家通用语言文字水平达到相应要求，具有较好的使用普通话和规范汉字表达、沟通的能力。

三、大学生母语素质

作者认为，大学生母语素质包含以下三个方面：

(一)汉语基本听说读写能力

听说读写能力是大学生母语素质的低层次要求。具体表现为：普通话水平等级达到规定标准，能读准并默写所有声母和韵母，并且能纠正错误发音；掌握并熟练使用"通用规范汉字表"中一级字表中的3500个汉字，了解二、三级字表中的部分汉字；熟练使用"现代汉语常用词表"中的词语56008个；熟悉日用文体的书写格式，并能按照要求撰写；正确使用标点符号。

(二)意愿表达交流协调能力

意愿表达交流协调能力是大学生母语素质的高层次要求。具体表现为：善于运用各种句式表达自己的思想，能够较好地表达自己的意愿(口头和书面两种)，言简意赅，准确传递；在人与人之间、人与文本之间的交流过程中，能够正确理解传递的信息，把握重点，理解说话者的弦外之音或书面语中的精神实质；熟练掌握并正确运用修辞手法，提升语言特色和语言水平；能够准确传递语言信息，协调多方意愿的达成。

(三)解读弘扬传统文化能力

解读弘扬传统文化能力是大学生母语素质的精神层面要求。具体表现

---

① 贺阳、徐楠、王小岩：《高校母语教育亟待加强》，2011年1月11日《光明日报》。

为:在背诵和默写中掌握必备古诗词的基础上,掌握部分篇目,并根据自身爱好,学习掌握部分古诗词;掌握部分历史典故和格言熟语,并了解出处;理解语言或文本中的精神内涵、文化内涵,注重思想内容和语言形式的统一,善于挖掘蕴含的民族、历史、社会、哲学、艺术、心理的深厚的文化沉淀;尊重母语使用习惯,遵守语言的道德规范,坚持使用文雅、符合标准的文字交流。

四、"一体两翼"大学生母语素质提高模式

为做好一所高校的大学生母语素质教育工作,作者在多年研究的基础上,提出了"一体两翼"大学生母语素质提高模式(如图 1-1 所示),通过强化课程建设的主体地位,充分发挥大学生母语素质教学的主渠道作用,通过大力推进普通话水平测试、"经典诵读"行动活动的开展,充分发挥第二课堂的教育功能,针对学生的个人差异,有针对性地实施因材施教,提升大学生说、读、写、讲的能力,引导大学生喜欢上中国的优秀传统文化,培养大学生的母语素质。

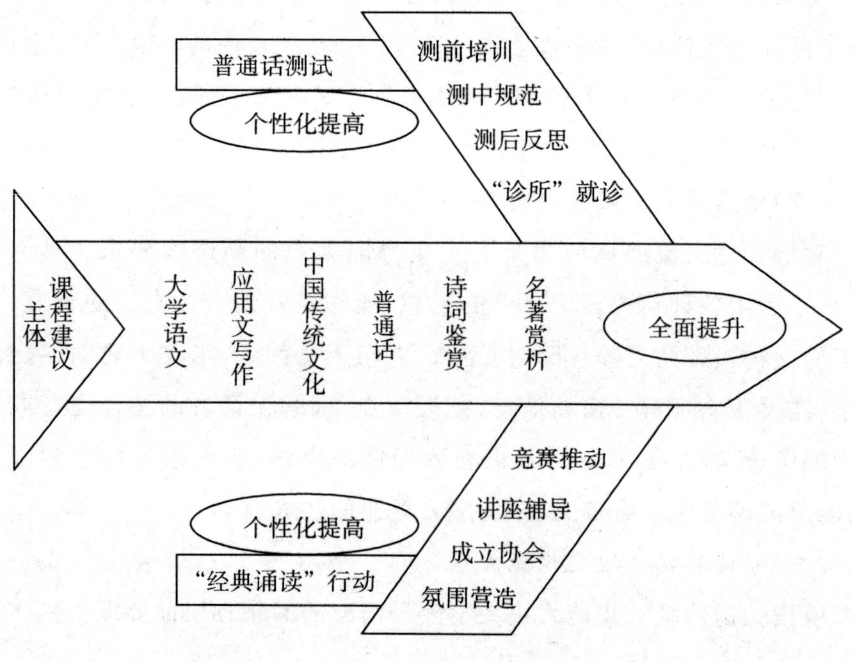

图 1-1 "一体两翼"大学生母语素质提高模式

“一体”指以大学生母语素质提高为目标的课程体系，包括“大学语文”“应用文写作”“中国传统文化”“普通话”“诗词鉴赏”“名著赏析”等课程，是大学生母语素质提高的重点内容，通过人才培养模式改革，将这些课程以必修、选修必选、选修等多种方式列入教学计划；在主体课程教学中，注重遵循教育规律和大学生的心理特点，运用科学的教育教学方法，全面提高大学生的母语素质。

“两翼”是指普通话水平测试和“经典诵读”行动，是大学生提高母语素质的个性化手段，是大学生母语素质提高的难点内容。通过统一要求、精彩活动来督促、吸引学生自觉提升自身的母语水平。在第二课堂活动中，注重大学生的个体差异，通过参与实践活动，提高学习兴趣，发挥个性化特长，提高每一位大学生的母语素质。

第二节　国内外研究现状

潘涌、李熹认为，母语是一个民族的精神乳汁，滋养着该民族新人的成长和壮大，而不仅仅是给学习者提供信息和知识的认知符号。母语充满了情感的魅力，是最温馨、感人至深、安栖心灵的“家园”，是最蕴含精神营养、最能促进心智健康生长的“母乳”，是孕育灵魂、唤醒思想的唯一“摇篮”。正如德国语言学家洪堡特所阐述的那样：“民族的语言即民族的精神，民族的精神即民族的语言。”天赋情感和精神特色的母语，对民族的成长与深远发展具有不可替代的决定性作用。①

贺阳、徐楠、王小岩调查了十余所高校大学生的母语教育、使用情况，并在《光明日报》以《高校母语亟待加强》为题目刊载了调查结论，人民网等多家媒体予以转载，引起社会强烈反响。他们研究发现：大学生汉语语文基础薄弱，母语能力测试成绩在 70 分以下的达 68%，60 分以下的占到 30%。

① 参见潘涌、李喜：《母语：民族文化的象征》，2018 年 4 月 13 日《中国教育报》。

“给导师的自荐信”作业 74 份，抽查结果是：49 份作业存在行文格式问题，占总数的 66.2%；64 份作业存在表达语气与自荐信要求不符的问题，占总数的 86.5%；语法方面的问题就更为突出，74 份作业都或多或少存在搭配不当或虚词误用等语法问题。[①] 作文存在的语法、语体、格式问题，具体数据情况见图 1-2。

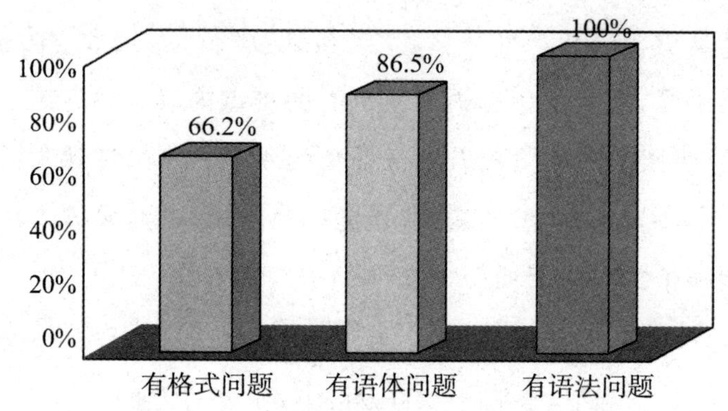

图 1-2 中国人民大学在校学生作文检查结果

（该图录自贺阳、徐楠、王小岩：《高校母语教育亟待加强》，2011 年 1 月 11 日《光明日报》）

武晓平、单欣调研了三所理工类大学语言生活状况，结果显示：60.9% 的大学生认为自己的语言应用能力不能完全达到应用要求，具体表现在运用口语和书面语阐述自我观点、传达意图、说服和辩论方面，特别是对自己的论说能力不满意。82.9%的大学生对自己文学作品的鉴赏能力、文言作品理解能力表现出不满意，85.4%的大学生对中国文化不了解。受电脑、手机的冲击，已有 59.7%的大学生不经常或不用笔写字，87.9%的大学生有“提笔忘字”的情况。对媒体宣传中使用的不规范语言现象只有 29.8%的大学生认为该现象不好，是在传播错别字。[②]

① 参见贺阳、徐楠、王小岩：《高校母语教育亟待加强》，2011 年 1 月 11 日《光明日报》。

② 参见武晓平、单欣：《关注大学生语言生活状况 提高大学生母语能力素养——基于三所理工类大学学生语言生活状况的调研》，《长春理工大学学报》（社会科学版）2011 年第 11 期。

周金声、刘梦伟分析了湖北工业大学大学生母语状况，指出：60%以上的大学生应用写作能力不合格，大部分同学只是闲暇时才读书或是在课上才阅读，真正能做到自觉定时阅读的只有8.55%，甚至还有10.53%的同学基本不读书。[①]

周莉调查了本科毕业论文中语言使用的情况，发现词语使用方面存在生造词、词语单一、词语与所在句式的结构语义不符等问题，词语搭配方面存在语音语义语法角度的不搭配、结构残缺冗长等问题。[②]

徐珠君基于普通话培训与测试视角，论述了大学生母语素养存在的问题。主要有：掌握字词的数量不足，掌握字音字义不彻底，朗读能力缺失，感情语调处理不当，口语表达能力普遍欠缺。[③]

从上述的研究可以看出，当前大学生母语素质确实存在意愿表达不清晰、理解领会信息不准确、修辞方法使用不得当、传统文化了解不深入、最新语言内容乱使用等诸多问题，专家学者针对这些问题分析了母语教育逐渐被边缘化、教学内容方法陈旧、网络语言不规范等原因，并提出了对策。主要有：将大学母语纳入必修课体系的制度安排开设课程，思维和写作为核心的教学内容，推进专题化和研讨型教学改革，加强宣传和引导，让教师和学生正确处理好母语和外语的关系，使学生重视自身汉语能力的培养，充分发挥网络作用，多角度开拓学生语言文化视野。

---

① 参见周金声、刘梦伟：《大学生母语水平状况调查及其改善对策——以湖北工业大学为主要案例》，《湖北工业大学学报》2013年第12期。

② 参见周莉：《大学生母语素质的调查与思考——对本科生毕业论文的调查》，《理论观察》2012年第3期。

③ 参见徐珠君：《提高大学生母语素养的探索与实践——基于普通话培训与测试视角》，《宁波大学学报》(教育科学版)2013年第9期。

第三节 母语研究的意义

提升大学生母语素质，对于学校的文化建设有着重大意义。

一、新时代赋予语言文字工作新使命

我国语言文字事业进入了新时代。党的十九大提出了中国特色社会主义进入新时代，意味着近代以来久经磨难的中华民族迎来了从站起来、富起来到强起来的伟大飞跃，迎来了实现中华民族伟大复兴的光明前景。十九大报告立意高远、思想深邃，是我们党面向新时代的政治宣言和行动纲领。报告明确了中国特色社会主义事业总体布局是“五位一体”、战略布局是“四个全面”，强调坚定道路自信、理论自信、制度自信、文化自信，坚持社会主义核心价值体系。这样一个新时代赋予了语言文字事业发展新内涵，提出了新任务、新要求。

语言文字工作事业发展是建设文化强国建设的需要。习近平总书记在十九大报告中指出：“没有高度的文化自信，没有文化的繁荣兴盛，就没有中华民族伟大复兴。”[①]社会主义文化强国目标的实现，需要充分发挥语言文字的载体作用。高校要挖掘、阐释中华优秀传统文化、革命文化和社会主义先进文化的时代意义，在学校的语言文字工作中培育和践行社会主义核心价值观，将加强思想道德建设贯穿育人工作的全过程，进一步推进新时代语言文化的大发展大繁荣。

语言文字工作事业发展是经济社会发展的需要。语言文字是经济社会发展的重要组成部分，语言产业作为低能耗、低排放和低污染的朝阳产业，近年来发展迅猛，越来越受到世界各国关注。据统计，我国从事语言服务或相关服务的企业数达到 72500 家，行业产值超过 2800 亿元人民币。世界许

① 《党的十九大报告辅导读本》，人民出版社 2017 年版，第 40 页。

多国家都很注重语言产业的发展。如瑞士语言的多样性，每年能够创造500亿瑞郎收入，约占瑞士国内生产总值的10%。语言产业符合国家经济结构调整的大思路，可以作为新的增长点积极培育、大力发展，为经济社会发展、现代化强国建设做贡献。①

语言文字工作事业发展是信息时代发展的需要。语言文字是信息时代不可或缺的重要因素，文字输入技术、文字处理技术、语音识别转换技术等都需要语言文字作为基础，语音输入、同声翻译机、图像文字识别等技术越来越进入普及应用阶段。目前，人工智能发展迅猛，世界各国都高度重视、加紧布局，而智能语音技术是人工智能应用中人机交互的关键，在智能社会有着越来越广泛的应用。更为重要的是，语言文字理解和处理能力标志着人工智能上升到认知层面，语言智能、辅助学习、机器翻译等语言信息技术快速发展，正在解决全球化发展中的多语种沟通问题。语言文字理解和处理能力是智能化时代的重要标志。

语言文字工作事业发展是人民群众对美好生活追求的需要。十九大报告中多处提到完善公共服务体系，提出健全农村留守儿童和妇女、老年人关爱服务体系、社会心理服务体系等，其中既包括国家通用语言文字服务，也包括少数民族语言和方言服务。服务型政府提供的语言服务，既涉及政府行政信息能否及时传递给民众的语言传达能力，也涉及需要特殊语言帮助人群的语言支援问题。比如自然灾害中的语言救助、司法救助时的语言支持等语言服务能力，都影响到政府的公信力和执行力。由此可见，现代社会语言服务需求无处不在。

语言文字工作事业发展是实现中华民族复兴中国梦的需要。随着“一带一路”建设全面展开，中国日益走近世界舞台的中央，对增强语言文字的国际影响力既是挑战更是机遇，中文必将承载更多国际交流工具的功能。

① 杜占元：《深入学习贯彻党的十九大精神　推动新时代语言文字事业创新发展》，2018年4月10日，http://www.moe.gov.cn/jyb_xwfb/moe_176/201804/t20180410_332753.html，访问日期：2018年6月12日。

联合国6种工作语言，中文文本也是最薄的一本。汉字信息量高，又兼具美学的概念和文化传承的内涵，比那些数以万计甚至十万计的外语词具有很大的优越性。增强文化自信，首先从增强语言文字自信开始。积极传播中国语言文字和中华文化，创新传播方式，增强传播亲和力，不断提升传播能力。

二、新时代赋予高校人才培养的新使命

大学生肩负着实现中华民族复兴的使命。习近平总书记指出：从五四运动到中国特色社会主义进入新时代，中华民族迎来了从站起来、富起来到强起来的伟大飞跃。这在中华民族发展史上、在人类社会发展史上都是划时代的。到2020年全面建成小康社会，到2035年基本实现社会主义现代化，到本世纪中叶把我国建成富强民主文明和谐美丽的社会主义现代化强国。广大青年生逢其时，也重任在肩。中华民族伟大复兴，绝不是轻轻松松、敲锣打鼓就能实现的，我们必须准备付出更为艰巨、更为艰苦的努力。广大青年要成为实现中华民族伟大复兴的生力军，肩负起国家和民族的希望。①

教育兴则国家兴，教育强则国家强。高等教育是一个国家发展水平和发展潜力的重要标志。今天，党和国家事业发展对高等教育的需要，对科学知识和优秀人才的需要，比以往任何时候都更为迫切。培养德智体美全面发展的社会主义建设者和接班人，是我们党的教育方针，是我国各级各类学校的共同使命。大学对青年成长成才发挥着重要作用。高校只有抓住培养社会主义建设者和接班人这个根本才能办好。

高校高水平人才培养体系是培养社会主义建设者和接班人的重要因素。合格的社会主义建设者和接班人既要有高尚品德，又要有真才实学。

---

① 参见习近平：《习近平在北京大学师生座谈会上的讲话》，2018年5月3日，http://politics.people.com.cn/n1/2018/0503/c1024－29961468.html，访问日期：2018年7月10日。

学生在大学里学什么、能学到什么、学得怎么样，同大学人才培养体系密切相关。人才培养体系涉及学科体系、教学体系、教材体系、管理体系等，而贯通其中的是思想政治工作体系。加强党的领导和党的建设，加强思想政治工作体系建设，是形成高水平人才培养体系的重要内容。

三、母语素质提升是大学生新时代的内在需求

大学生是未来社会的栋梁、国家的希望，肩负着国家强大、实现中国梦的重任。《国家中长期语言文字事业改革和发展规划纲要》提出：具有中等及以上教育程度的国民，其国家通用语言文字水平达到相应要求，具有较好的使用普通话和规范汉字表达、沟通的能力。大学生母语素质提高是关系中华民族精神、民族文化传承和发展的关键因素，关注大学生语言生活状况，结合学生实际状况，结合学校特点，研究如何提高大学生的母语综合能力素质，具有重要的政治意义和理论价值。

提高大学生母语素质是实施通识教育的必然要求。母语是熔铸我们心灵智慧和文化血脉的基因，母语能力越强，学习其他文化知识才能越便捷。苏步青先生说：语文是成才的第一要素。哈佛大学前任校长查尔斯艾略特强调："我认为，有教养的青年男女唯一应该具有的必备素养，就是精确而优雅地用本国语言。"[①]科学院院士杨叔子的观点上升到"社会基因"的高度：生物有自己的生物基因，人也有社会基因，那就是文化。一个民族的基因，就是民族文化。丢掉了文化，就不是一个民族，而是一个种族。一个人，如果对中国传统文化丝毫不了解，就不能算一个中国人。高校母语教育，任务是解决大学生的人生价值取向，解决他们的做人问题，你说它重要不？[②]

大学生母语素质提高是其内在需求。当今社会充满机遇与挑战、竞争与合作，驾驭语言的能力、方法和技巧在社会交际中变得十分重要，大学生

① 参见周金声、赵丽玲：《论加强大学语文教育是当前文化大发展大繁荣的需要》，《湖北工业大学学报》2012 年第 6 期。

② 《高校母语教育如何化解边缘困局》，2013 年 5 月 20 日《武汉晚报》。

在将来的社会生活中，人际交流、思想表达、撰写书面材料等都离不开语言能力，掌握语言表达艺术，提高口语表达水平和应用写作水平，做到语言得体、谈吐机智、书写清楚、格式规范，使其在职场、家庭能应对自如，化解矛盾，提高幸福指数。大学生母语素质教育，纳入人才培养体系，开展“课程思政”教育，是高校语言文字工作应该重点研究的内容。

第四节　母语研究的方法

问卷调查和文献研究法。制作调查问卷，了解大学生母语现状、社会对大学生母语要求，下载文献，学习借鉴已经取得的研究成果，学习国家、教育部、山东省关于语言文字、普通话教学、普通话水平测试、经典诵读的文件精神，从而提高课题的理论和实际应用水平。

访谈法。通过走访和电话联系的方式，了解全国高校对大学生母语素质提高采取的措施情况，了解其出台的政策、规定，掌握高校大学生母语素质现状，统计分析存在的问题。

比较研究法。多方调研了解全国高校大学生母语素质提高的形式和效果，取其长处，发现不足，在本课题的研究中发扬优点，完善或避开不足。

行动研究法。以提高大学生母语素质为目标，以研究和行动的结合为表现形式，以持续反思为基本手段，初步建设“一体两翼”大学生母语素质及提高模式，并在应用中不断完善、充实。

第五节　母语研究的主要内容

母语研究主要包含以下内容：

一、全面提升大学生母语素质的四项措施

笔者认为，要实现“一体”，重在全面提升大学生母语素质。为此要采取

如下四项措施：

一是将“大学语文”“应用文写作”“普通话”等大学生母语素质提高课程列入人才培养方案，端正大学生对母语的学习态度；设定大学生母语素质培养目标，研究开设哪些课程、课程设置多少课时、哪一学期开设、如何进行考核，在人才培养的顶层设计上做好安排。

二是通过优化教学内容、改革教学方法等措施，大力开展课程改革，提高课程的艺术性和感染力，激发大学生学习母语的兴趣；细化大学生母语素质目标内容，围绕这一目标研究如何选定教学篇目和教学方法，增加哪些社会实践环节，如何实施案例教学等，在教学过程中落实大学生母语素质教育，在“提高”上下功夫。

三是充分利用现代教育信息化资源，加强网络课程和网络资源建设，便于大学生自身开展母语学习，增强学习效果；语言文字信息化是运用当代先进科学技术引领语言文字事业改革和发展的重要手段，研究建设哪些网络课程和资源，如何提高建设质量，如何提高学生的参与度和使用率。

四是制定大学生母语素质（包含口语能力、书面理解和表达能力）分级达标标准，考核方式由理论转为实践，引导大学生提高母语的使用能力；研究细化分级达标标准的指标体系，如何进行实践考核以及理论考试和实践考核的试题库如何建设，指标体系如何体现在课程教学目标之中。如“应用文写作”课程培养目标中应明确大学生母语素质达标标准，应选择几种文体，如何结合社会实际讲授，如何进行考核，如何建设题库等。

二、“两翼”重在个性化提高大学生母语素质

所谓“两翼”，一翼是指普通话水平测试。普通话水平测试是推广普通话的重要抓手，是检验学生普通话水平的重要方式，牢固树立“以测促训，以训保测”的指导思想，通过规范培训测试、细化工作流程、狠抓考试管理、注重测试成效等措施，引导大学生学习使用普通话；为满足大学生的个性化需求，建立“普通话诊所”，“诊断”分析存在的问题，研究制定练习方案，帮助学

生提升水平;研究如何提高大学生口语表达能力、交流能力,如何开展训练。

另一翼是“经典诵读”行动。“经典诵读”行动是提高学生母语素质、传播优秀文化的重要手段,通过加强诵读组织建设、建立保障机制、开设经典课程体系、完善人才培养方案、创新经典诵读载体、开展诵读系列活动、培育经典诵读师资、优化校园育人环境等措施,开展学生“万人诵经典”、教职工诵读经典大赛、“经典诵读行动”周、“经典诵读”讲座、“普通话诊所”辅导、学生经典诵读比赛等活动,使广大学生“诵读经典,理解经典,喜欢经典,传承经典”;研究如何提高大学生母语素质,丰富文化内涵,个性化提高大学生书面理解和表达能力。

第六节　母语研究的创新点

一是提出了从学校层面提高学生母语素质的“一体两翼”教育模式,把握了课程教育的主渠道作用,同时注重学生的个性化需求,符合因材施教、以生为本的教育理念。

二是研究了“大学语文”等课程实施大学生母语素质教育的方法,并结合教育信息化建设,提出了在线教育与线下教育相结合的大学生母语素质提高新形式。

三是开展有效提高学生大学生母语素质的第二课堂活动,构建了“普通话诊所”。“吟诵社团”“经典诵读”等有效提升了大学生的母语素质的新方式。

四是坚持了知行合一、理论联系实际的研究思想,研究成果在德州学院推广实施,取得很好的实施效果。

第二章　大学生母语素质的调查分析

为更好地了解大学生母语素质情况，我们专门组建大学生母语素质调查小组，以山东省德州学院、泰山学院、齐鲁师范学院、山东农业大学、济南大学等5所高校大学生为调查对象，分学科门类，以问卷、访谈、个别交流的方式进行调研。我们先后发放问卷1000余份，收回有效问卷956份。其中，文科类学生有效问卷为449份，理科类学生有效问卷为448份，工科类学生有效问卷为59份。①

第一节　调查方法

为准确了解大学生的母语素质情况，我们采用了问卷调查法进行了调查。

一、调查试卷的设计

本次调查试卷共设计了27个题目。其中，23个题目是选择题，4个是问答题。在选择题中，了解基本语言文字素质的有6个题目，讲说读写能力自我评价的题目有8个，接收外界信息能力自我评价的题目有4个，语言文字综合应用能力自我评价题目的有5个；问答题中，1个题目是要求指出标

① 王玉珏、李洪亮：《大学生母语素质现状与对策研究——基于山东省部分高校为例》，《语文学刊》2016年第8期。

点符号使用的错误，1个题目是撰写感受，1个题目是根据信息撰写请假条，1个题目是根据信息撰写通知。问卷考察了学生普通话、规范字、阅读、语言基础知识的掌握和使用情况。

二、调查数据统计结果及反映的情况

1. 在校园生活中，87.76%的大学生使用普通话，不使用普通话的大学生仅占到5.36%，其中文科、工科类使用面较广。这说明普通话已经成为校园语言，个别学生在老乡交流时可能使用家乡话，这也是可以理解的。文科学生日常生活使用普通话的人数较多，工科学生数据显示高的原因可能是调查数据太少的原因。

2. 在正式场合（如班级发言、学习交流等）中，97.18%大学生使用普通话，不使用普通话的大学生仅占到0.52%。这说明大学生都已经认识到讲说普通话的重要性，在正式场合讲说普通话已经成为大学生的一种习惯。

3. 从普通话水平等级来看，一级乙等的学生占到10.04%，二级甲等的学生占到49.06%，二级乙等的学生占到25.10%，没有参加测试的占到13.28%，三级甲等的学生占到2.51%。这说明当今大学生的成长环境较好，主要在学校中生活，讲说普通话的水平较高，测试等级能够达到国家规定要求。当然，考虑到因调查的学校主要是山东省的高校，生源地主要是山东省，调查的结果可能有一定的局限性。

4. 从书写的情况来看，10.98%的大学生每周书写的汉字在200以内，21.55%的学生在500字以内，36.09%的学生在2000字以内，超过2000字的大学生有31.38%，约占到1/3，其中工科生、文科生的比例较高。在电子通信发达的当今时代，人们写字越来越少，大学生中只有1/3的学生每周写2000字，其中一部分是作业；还有1/3的学生每周写字在500字以下，除去写少量的作业，基本上不写字。

5. 从使用电子产品输入字的情况来看，17.36%的大学生每周输入的汉字在500字以内，43.31%的学生在2000字以内，17.05%的学生在5000字以内。超过 5000 字的大学生有 22.28%,约占到 1/4;其中文科生超过 5000 字的大学生数量最多,约占 28.51%。在当今时代,人们通过手机、电脑进行信息交流、撰写文章感受的比例越来越高,已经成为一种生活常态。这一组数据可以和上一组书写的情况形成对比,说明人们的写作方式已逐步实现从"钢笔、中性笔、铅笔"转化为"鼠标、键盘"等。

6. 在日常生活中,7.32%的大学生经常出现"提笔忘字"或书写错别字的情况,69.25%的大学生偶尔出现,21.97%的大学生很少出现类似情况,仅有 1.46%的大学生没有出现这种情况。可以看出,80%左右的学生出现"提笔忘字"或书写错别字的情况,这说明电子产品的广泛使用已经严重影响人们的书写功能。因输入法都具有提供自动组词、显示词组等功能,人们只要是看着这个字面熟即可,对字的详细结构却不能经常训练,导致出现觉得会写,但一写就错或不知如何下笔的问题。

7. 在人际交流过程中,仅有 20.50%的大学生完全能够合理使用词语表达意愿,69.67%的大学生在大多数情况下能够使用词语表达意愿,9.83%的大学生只能在少数情况下能够使用词语表达意愿。语言表达流畅、能够进行有效进行信息互通的大学生占到 90%作用。这说明大学生的意愿表达能力很好,对于其他 10%的大学生需要进行语言训练和心理辅导,帮助他们提高用合理语言表达自己的意愿。

8. 在对口头语言的进行自我评价方面,14.54%的大学生觉得自己词汇量大、词语丰富,24.27%的大学生觉得自己词汇贫乏、词语干瘪,61.19%的大学生觉得自己词汇量一般、词语应用一般。少数学生自我感觉良好,对自己的语言能力充满信心,尤其是文科生,他们中的 21.38%感觉良好;1/4 的学生明显对自己的语言水平评价较低,对自己的语言水平不满意,尤其是理科生,39.96%的学生感觉自己词汇贫乏、词语干瘪。人文教育已经成为大学教育的一个重要环节,理科生需要加强学习,提升自身文化修养、语言素质。

9. 在对书面语言进行自我评价方面,21.13%的大学生觉得词汇量大、词语丰富，26.05%的大学生觉得自己词汇贫乏、词语干瘪，52.82%的大学生觉得自己词汇量一般、词语应用一般。书面语言是大学生语言能力的关键能力，1/5 的学生对自己的书面语言评价较高，充满自信，尤其是工科生，他们中的 44.07%感觉良好；1/4 的学生明显对自己的书面语言水平评价较低，对自己的书面语言能力信心不够，尤其是理科生，45.76%的学生感觉自己词汇贫乏、词语干瘪。

10.在日常文体应用方面，66.32%的大学生觉得自己在多数情况下能够熟练撰写日常各种文体，8.58%的大学生觉得自己能够熟练掌握日常文体，21.97%的大学生对自己的日常文体的语言能力缺乏信心，表示在多数情况下不能够熟练撰写日常各种文体，甚至有 3.14%的大学生不能熟练撰写日常各种文体。语言文字是日常生活的重要基础，在撰写日常文体方面，多数学生充满信心，1/4 的学生存在困难，这部分学生应是“大学语文”教学中关注的重点。

11.在与同学朋友交流沟通方式的选择上，53.24%的大学生选择了 QQ 和微信，24.79%的大学生选择了面对面交流，21.44%的大学生选择了打电话、短信，选择书信的仅占 0.52%。当今大学生大约在 1995 年前后出生，成长过程中一直伴随信息的快速发展，QQ、微信等现代的通信方式被他们迅速接纳，并被快速使用，成为他们交流沟通的主要方式。

12.在准确传达自己意愿方面，33.79%的大学生选择了完全能够熟练地运用口语和书面语阐述自我观点，传达意图，使对方明白；56.8%的大学生选择了多数情况下能够表达清楚；8.47%的学生在多数情况下不能够表达清楚；有 0.94%的学生不能表达清楚。信息表达的准确性十分重要，否则很容易制造矛盾，引起不必要的麻烦。结果显示，90%左右的大学生能够对自己评价较高，充满自信，不到 10%的学生缺乏信心，自我评价较低，需重点关注和帮助。

13.在日常的语言文字应用方面，9.52%的大学生对自己的班级演讲、课堂发言、撰写的书面文字（请假条、短信、QQ 交流等）能力很满意，

75.21%的大学生是比较满意，12.97%的大学生不太满意，2.30%的学生不满意。有85%的大学生对自己的语言文字能力有信心，但也有2.3%的学生完全缺乏信心，对于这些学生应采取有效措施，精准帮扶。

14.在语言交流过程中，26.99%的大学生觉得自己完全能准确理解他人表达的想法，69.04%的大学生觉得自己大多数情况能准确理解他人表达的想法，2.93%的大学生在多数情况下不能准确理解，1.05%的大学生表示不能准确理解。语言信息的准确接收是和他人交流的基础。从数据来看，近96%的大学生能够“听明白，理解透”，有4%的大学生亟待提升语言信息接收能力，需加强培训教育。

15.在阅读理解文字方面，41%的大学生觉得自己能够完全理解书面语（即报纸、课本、网络信息等），57.22%的大学生觉得自己大多数情况能理解书面语，1.36%的大学生在多数情况下不能理解，0.42%的大学生表示不能理解。阅读能力是语言能力的关键能力。从数据来看，98.22%的学生能够理解书面语言，这是大学生长期学习教育的结果，对于不到2%存在阅读困难的学生，应建立档案，跟踪调查，切实采取有效手段，助其提升。

16.在对方针政策、文件规定的理解，并认真执行方面，60.88%的大学生表示完全能够做到“理解透彻，认真执行”，26.15%的大学生表示大多数能够做到，11.61%的大学生表示大多数做不到，还有1.36%的大学生做不到。作为一名公民、一名在校大学生，必须要掌握理解方针政策、文件规定的本领，从结果看，还有近13%的大学生在这方面的能力不足。

17.在对社会发展的新语言的理解方面，31.38%的大学生表示完全能够准确理解社会发展的最新语言内容（如五位一体、蓝黄经济区等），32.01%的大学生表示多数情况下能够理解，31.07%的大学生表示多数情况下做不到，还有5.54%的大学生做不到。关心国家发展、热爱社会事业是大学生成长成才的关键。从数据来看，对“多数不能”的选择比例较前几项大为增加，说明有近40%的学生对国家发展、社会进步的信息了解不深不透，应加强引导学习。

18. 在对"历史典故、传统文化故事、格言警句"的熟悉方面，仅有9%的大学生表示能够完全"记得住，讲得清"，59.10%的大学生表示能够熟记、理解大多数，27.62%的大学生表示只能熟记、理解部分内容，4.29%的大学生不能熟记、不能理解。中国传统文化对学生的语言文字能力培养十分重要，30%左右的大学生对"历史典故、传统文化故事、格言警句"的记忆和讲解方面缺乏信心。

19. 对于历史文化故事或最新语言内容的运用，13.39%的大学生表示完全能够使用，48.12%的大学生表示多数情况下能够使用，34.94%的大学生表示少数情况下能够使用，3.56%的大学生表示不能使用。语言风格和语言魅力的形成，需要文化内涵。从数据来看，40%的学生在使用历史文化故事或最新语言内容方面信心不足。

20. 在书面材料（如作业、博客、论文等）使用比喻、拟人等修辞手法方面，14.54%的大学生表示完全能够使用，60.46%的大学生表示多数情况下能够使用，25.00%的大学生表示少数情况下能够使用。文字能力是大学生学习、就业的重要基础。从数据来看，75%左右的大学生充满自信，25%的学生需要强化教育，提升能力。

21. 对于撰写书面材料（如作业、博客、论文等）的自我评价，7.01%的大学生表示不存在问题，85.67%的大学生表示偶尔存在条理不清或表达不畅的情况，7.32%的大学生表示严重存在问题。从数据来看，92.68%的大学生对自己的作业、博客、论文充满信心，但偶尔会出现问题；对于少数自我评价较低的大学生，应精确定位，沟通交流，帮扶提升。

22. 对于其他同学的母语素质的评价，10.88%的大学生表示很好，56.07%的大学生表示较好，31.28%的大学生表示一般，仅有1.78%的大学生表示较差。从数据来看，1/3的大学生对其他同学的母语素质不太满意，说明母语教育有大的提升空间。

23. 在使用广泛的运用各种句式有效表达自己的思想方面，即语言的综合运用方面，16.00%的大学生表示完全能够做到，77.93%的大学生表示多数情况下能做到，3.87％的大学生表示少数情况下能够做到，2.20％的大学生表示做不到。语言的综合运用能力是语言文字能力的高层次要求，从数据看，超过 90％的大学生对自己的语言综合运用能力充满信心，6％左右的大学生对自己的语言综合运用能力缺乏自信。

24. 指出标点符号使用错误的大学生占到 68.23％。31.77％的学生答案存在错误，这说明大学生对标点符号的用法还没有完全理解。

25. 要求大学生用简短的语言书写手机对生活的影响。大多数的大学生简要说明了手机对生活的影响，从答案来看，缺少主语、句子不完整的情况普遍存在。这说明大学生对简单的文体写作还没有掌握。

26. 提供信息，要求撰写请假条。从答案来看，大多数同学都说明白了，但格式普遍存在小瑕疵。如：忘记撰写时间；落款时间在上，名字在下；把信息用上，但没有规范的格式，直接写上“我是 * * * 专业的张三同学”等。这说明常用问题的写作还没有过关。

27. 提供信息，要求撰写通知。从答案来看，大多数同学都把提供的信息写上了，但按照通知要求自我完善的信息没有加上，如缺少集合地点、集合时间，落款没有时间等。这说明对于撰写通知的要求，许多大学生还没有掌握。

从总体来看，大学生的母语素质呈现出“三高三低”的特点：

在基本素质方面，呈现出“普通话水平高，书写水平低”的特点。调研结果显示，大学生普通话水平基本达标，普通话已经成为校园语言，在正式场合都已经使用普通话进行信息交流；大学生平时的书写量较少，除去写作业外，很少写字，且 80％左右的大学生出现“提笔忘字”或书写错别字的情况，写字的水平较低。

在基本能力方面，呈现出“口头语言能力高，书面语言能力低”的特点。调研结果显示，75％左右的大学生感觉自己的词汇量可以满足需要，文科生中 21.38％的学生感觉自己词语丰富，80％左右的大学生感觉自己书面语言的词汇贫乏、词语干瘪，26.05％的大学生感觉自己词汇贫乏、词语干瘪。

在应用水平方面，呈现出“自我评价高，实际水平低”的特点。调研结果显示,90%左右的大学生能够合理使用词语表达意愿;在理解文件政策、新语言和书面材料等方面,大学生的自我评价较高。但从后几题的书写情况看,学生的实际应用水平不高,存在缺少信息要素、理解资料不透的情况。

第二节　调查结果分析

通过对以上调查结果的分析,得出结论,形成当前高校大学生语言状况的原因是多方面的,主要有以下几种:

一、高校对母语教育重视不够,没有形成合理的教育架构

伴随大学生就业压力的增大,高校越来越重视学生的专业教育。从专业人才培养方案上来看,没有将母语教育当一个人才培养的重要环节来对待,表现为多数学校在课程设置上没有"大学语文""普通话""应用文写作""中国传统文化"等母语教育课程,少数学校将母语教育的课程设置为公共选修课,学生随意选修,缺乏制度约束。相比较而言,英语的设置都在人才培养方案的必修课上,开设 4 个学期,每学期 4 学时,总学时达到 288 学时;平时有期末考核,中间还有四六级考试,吸引了大学生大部分的学习注意力,有 64.6%的大学生认为"花这么多的时间学外语"不值得。①

有的学校将"大学语文"列为公共必修课,有的列为公共选修课,但都是作为一门课程来开设,没有学科支撑,连二级、三级学科都不是,更没有相应的硕士点、博士点,学科完全被边缘化,使从事"大学语文"教学的教师很难在科研上取得突破,造成教师的积极性不高,不容易激发学生的学习兴趣。没有优秀的师资参与教学,没有学科基础,就很难形成科学合理的教育体系。②

---

① 屠国平:《大学生汉语言文字能力现状调查与对策研究》,《中国大学教学》2009 年第 12 期。

② 刘楚群、陈波:《大众教育背景下大学生母语素质问题探究》,《社科纵横》2010 年第 6 期。

二、母语教育没有跟上信息社会的快速发展

信息技术的不断突破，深刻改变人们的生活和学习。当今大学生从小就使用电脑、手机等现代通信工具，电子邮件、微信、QQ、短信、博客、微博等现代信息交流方式已经成为学生沟通的主要方式。网络语言以一种简单、随意、诙谐、多变的形式存在于网络社会当中，由于语言规范部门没有及时对此进行规范，使网络中不规范、不严肃的语言得不到及时约束，对传统的语言文字产生了一定的影响，出现了一些不规范的语言现象。

大学生在日常汉语的使用中，很容易把网络语言中的随意性和自创性带到作业和交际中，这样会打破汉语规则和结构，造成许多不规范的现象。此外，媒体在做广告宣传时，为吸引眼球而改变汉语原词语的现象比比皆是，使学生对汉语的规范化意识越来越淡薄。这进一步弱化了学生的母语敏感度，使大学生母语能力下降。[①]

三、高校没有制造良好的学习氛围，大学生缺乏学习母语的热情

教风、学风建设是一所高校内涵建设的重要组成部分。良好的氛围是大学生提升母语素质的基础。自《中华人民共和国国家通用语言文字法》立法以来，教育部语信司、语用司开展了“推普周”、普通话水平测试、汉字应用测试、“中华经典诵写讲”等活动，开展了高校语言文字评估、语言文字示范校建设等工作，进一步调动高校开展母语教育的热情。但从目前开展的情况来看，高校开展的情况不平衡，一些高校没有认真落实《中华人民共和国国家通用语言文字法》，没有开展语言文字评估和示范校建设工作，相应活动开展的亦不积极，在学校范围内主要强化专业教育，缺乏母语教育的良好学习氛围，使很多大学生重视英语学习，忽视了母语的学习和提升。

---

① 武晓平、单欣：《关注大学生语言生活状况　提高大学生母语能力素养》，《长春理工大学学报》(社会科学版)2011 年第 11 期。

第三章　课程建设的理念与实施

高校是语言文字工作的主阵地，是语言文字工作服务新时代人才培养和人才输出的主战场，其主要工作任务就是奏响培养大学生母语素质教育的主旋律。《国家语言文字事业“十三五”发展规划》明确要求，将语言文字要求纳入学校、教师、学生管理和教育教学的各个环节，构建适合大中小学生身心发展和道德养成、符合社会主义核心价值观的语言文字教育课程和活动体系。推动高等学校科学设置语言文字相关课程，以提高语文鉴赏能力、口语和书面表达能力为重点，全面提高学生语文素养和语言文字应用能力。

语文鉴赏能力、口语和书面表达能力就是大学生母语素质的具体表现。实施大学生母语素质教育要符合人才培养规律、符合教育规律，要加强课程建设和深化教学改革。大学生母语素质教育课程应该包括且不限于以下课程：大学语文、应用文写作、普通话口语、汉字书写、阅读与写作、中国传统文化、诗词鉴赏等。

第一节　大学生母语素质课程的地位和作用

2017年底，国家92个本科专业类人才培养标准发布，吴岩司长在发布会上指出：《国标》涵盖了普通高校本科专业目录中全部92个本科专业类，包括全部587个本科专业、涉及全国高校56000多个专业点。习近平总书记指出：“办好我国高校，办出世界一流大学，必须牢牢抓住全面提高人才培养能力这个核心点，并以此来带动高校其他工作。”[①]专业是高等学校人才培养的基本单元，制订专业类教学质量国家标准就是回应总书记的最大关切。有了标准才能加强引导、加强监管、强化问责。

首次颁布的国标有三大特点：一是既有“规矩”又有“空间”，可以概括为既有规定动作又有自选动作。所谓“规定动作”就是对各专业提出统一要求，保障基本质量。所谓“自选动作”就是为各专业人才培养特色留有足够拓展空间，形象地说就是“保底不封顶”。二是既有“底线”又有“目标”。既对各专业提出教学基本要求，也就是“兜底线，保合格”，同时又对提升质量提出前瞻性要求，也就是“追求卓越”。三是既有“定性”又有“定量”。既对各专业类标准提出定性要求，同时注重量化指标，做到可比较、可核查。[②]

在此次颁布《普通高等学校本科专业类教学质量国家标准》（教育部高等学校教学指导委员会编，高等教育出版社 2018 年 4 月版）中，许多专业标准中课程设置列出了“大学语文”，有的设为公共必修课，有的设为公共选修课。如：“政治学类教学质量国家标准”“旅游管理类教学质量国家标准”中，公共必修课程中包括“大学语文”；“社会学类教学质量国家标准”“马克思主义理论类教学质量国家标准”“金融学类教学质量国家标准”中，“大学语文”被列为通识类课程；“经济学类教学质量国家标准”“经济与贸易类教学质量国家标准”中，“大学语文与写作”列为通识课程；“大气科学类教学质量国家标准”（应用气象学）、“图书情报与档案管理类教学质量国家标准”（档案学专业）中，基础知识中包括“大学语文”。

《教育部关于职业院校专业人才培养方案制订工作的指导意见（征求意见稿）》中最重要的话是这一段：“高等职业学校各专业人才培养方案应明确将思想政治理论课、中华优秀传统文化、体育、军事课、大学生职业发展与就

① 习近平：《在全国高校思想政治工作会议上的讲话》，新华网，2016 年 12 月 13 日。

② 吴岩：《介绍〈普通高等学校本科专业类教学质量国家标准〉有关情况》，2018 年 1 月 30 日，http://www.moe.gov.cn/jyb_xwfb/xw_fbh/moe_2069/xwfbh_2018n/xwfb_20180130/201801/t20180130_325928.html，访问日期：2018 年 5 月 18 日。

业指导、心理健康教育、信息技术等课程列入公共基础必修课程,并将马克思主义理论类课程、党史国史、大学语文、高等数学、公共外语、创新创业教育、健康教育、美育课程、职业素养等列为必修课或选修课。"①

人才培养方案是组织教学活动的基本依据。编制好本科专业人才培养方案,是适应经济社会发展需求特别是产业优化升级对人才培养的要求,创新人才培养方式,增强学生的社会责任感、创新精神和实践能力的一项基础性工作。人才培养目标是人才培养方案中的重点内容。

《山东省教育厅关于做好本科专业人才培养方案编制工作的通知》(鲁教高函〔2016〕16号)明确要求,人才培养目标的制定要以社会需求和学生终身发展需要为导向,依据教育部颁布的本科专业类教学质量国家标准,遵循高等教育教学规律和人才成长规律,坚持育人为本,德育为先,全面推进素质教育。以社会主义核心价值观为主线,构建思政育人、文化育人、专业育人、实践育人"四位一体"的德育体系。科学确立各专业人才培养目标与要求,明晰培养的人才类型和服务面向,明确各专业学生在知识、能力、素质等各领域的培养规格。要按照知识、能力、素质结构的内在联系和教育教学规律,构建由通识教育课程、专业基础课程、专业核心课程、专业拓展课程等组成,必修与选修课程、理论与实践课程结构合理,课程之间、课程模块之间有机衔接的课程体系。

工程专业认证中的12条毕业要求中,至少有两条与母语素质有关。具体是:"第八条　职业规范:具有人文社会科学素养、社会责任感,能够在工程实践中理解并遵守工程职业道德和规范,履行责任。""第十条　沟通:能够就复杂工程问题与业界同行及社会公众进行有效沟通和交流,包括撰写报告和设计文稿、陈述发言、清晰表达或回应指令,并具备一定的国际视野,能够在跨文化背景下进行沟通和交流。"

---

① 教育部:《关于征求对〈教育部关于职业院校专业人才培养方案制订工作的指导意见(征求意见稿)〉意见的函》,2017年12月7日,http://www.moe.edu.cn/s78/A07/A07_gggs/A07_sjhj/201712/t20171207_320877.html,访问日期:2018年1月8日。

教育部高教司《大学语文教学大纲(征求意见稿)》明确指出,大学语文开设的目的是“充分发挥语文学科的人文性和基础性特点”,培养具有全面素质的高质量人才,而不仅仅是单纯进行文学鉴赏与审美教育的审美素质的培养,更不能把大学语文课上成了单纯的文学课。从选篇来看,“大学语文”选篇,不仅包括文学类作品,也包括非文学类的科学、社会学、哲学、政治、伦理学、历史作品,符合了“大学语文”面向非中文专业大学生为授课对象的学科定位;从培养目标来看,大学语文既有注重情感与美育的人文性与审美性兼善的作品,也有注重个人尊严、爱心、自由、责任、科学探索与坚持真理的历史、科学、哲学、政治的偏人文性作品,对于克服过分追求专业至上所导致的理工科大学生知识结构失衡、视野狭窄、社会责任淡漠的工具化生存的偏向,有鲜明的人文纠偏与补救作用,以“人文性”弥合了偏重知识与技能的工具性专业之“器”和偏重文化与情感的人文性专业之“道”的割裂状态。文化和技能训练是教育过程的不同方面,它们共存于一个紧密的整体之中,远非互相对立、水火不容。①

以上分析可以得出:大学生母语素质在高校人才培养中占有重要地位,是大学生素质的重要组成部分,是新时代高等教育发展的需要,是培养培养中国特色社会主义事业的合格建设者和可靠接班人的需要,是国家、省政府、教育部门、学会等不同文件中的共同要求内容。由此可见,大学生母语素质教育十分重要,任何忽视大学生母语教育的行为都是十分危险的!

第二节　大学生母语素质课程的内涵

课程建设是高等学校育人的主渠道,是专业人才培养、学科知识传授的重要联接点、支撑点,是落实人才培养目标的重要落脚点,按照成果导向

---

① 杨深林:《论“大学语文”协同教学的课程定位:人文化人——以湖北工程学院“大学语文”协同教学为例》,《湖北工程学院学报》2018 年第 2 期。

OBE人才培养审计模式的要求，承担落实知识、能力、素质的重要任务。

大学生母语素质课程具体指哪些课程呢？按照大学生母语素质的内涵，汉语基本听说读写能力方面课程有“普通话”“应用文写作”“书法”等，意愿表达交流协调能力方面的课程有：“经典诵读”“吟诵”“演讲与口才”“沟通与协调”“表达与交流”“沟通技巧”等，解读弘扬传统文化能力的课程有“诗词鉴赏”“中国传统文化”“名著欣赏”等，综合类的课程有“大学语文”。

课程属性与开设情况。在这些课程中，“大学语文”课程在人才培养方案中部分高校设为公共必修课程，多数高校设为公共选修课；其他课程多为公共选修课程，部分高校开设的相关课程很少，甚至没有。在山东省教育厅公布的本科人才培养方案中，我们可以看出，“大学语文”多数专业没有设为公共必修课程。以经济学专业为例，全省21所高校开设，没有一所高校将“大学语文”列为公共必修课程，多数高校在公共选修模块中设立“人文与素质”等相类似模块，要求从中选修一定的学分，课时为32学时，每周2学时。从中我们可以看出，大学生母语素质课程的课程属性为公共选修课，多数学校开设了母语素质类课程，考试采用考查方式。

笔者认为，应采取两条措施进行课程改革：一是应改变大学生母语素质课程的课程属性，将原来的公共选修课课程改为必修课程，作为学生毕业的一个重要条件。二是应增加大学生母语素质课程的课时，建立公共必修大学生母语课程群，开设时间设为4个学期。根据学校的条件，结合在线课程，对学生开设全面、扎实、高水平的母语素质课程。具体来讲，是建立四类大学生母语素质课程：“大学语文”“汉语基本听说读写能力课程群”“意愿表达交流协调能力课程群”“解读弘扬传统文化能力课程群”，开设四个学期。“大学语文”第一学期开设，64学时，每周4学时；三个课程群依次在第二、三、四学期开设，64学时，可以开设1～2门课程。这部分增加的课时从“大学英语”课时中获得，“大学英语”开设4个学期，每周由原来的6个学时可以减少到2个学时。

增加大学语文课时、减少大学英语课时的主要原因是智能翻译的快速发展，给外语教学带来很大的冲击。目前，科大讯飞公司生产的随身翻译机（口袋翻译官）可以实现32种不同语言的同声翻译，完全能够满足人们的生活学习需要，同时显示出母语学习的重要性。作为一名普通大学生更应该加强母语的学习，从而能够更好地适应未来发展的需要。同时，为满足部分喜欢英语学生的需求，开设部分英语选修课程，供学生选修学习。

第三节 大学生母语素质课程建设

瞿振元教授指出：在2016年的国际论坛上，主题聚焦于"学生·教师·课堂"这三个关键词，再次明确推进高等教育现代化的核心是提高育人水平，而育人水平的提升直接取决于教师的"教"和学生的"学"，基础在课堂教学，主阵地是课堂。[①]

潘懋元教授指出，课程理念是指人们对高深学问的理性认识、理想追求及所持的思想观念和哲学观点。理性主义注重高深学问本身的价值，其课程理念关注学生的知识素养，注重培养学生对高深学问的思维能力和理解能力；课程门类以学科分类为主要依据，并按照学科的逻辑体系组织编排，以便让学生掌握系统的学科知识及其结构；课程内容侧重于理论知识。功利主义注重高深学问的社会功用，其课程理念关注学生知识的掌握和实践能力的养成，注重培养学生对高深学问的理解能力和运用能力；课程内容的选择要根据生产或服务的现实需要，强调学生的实践活动，理论知识的学习服务于培养学生实践能力的需要。结构主义课程理念关注学生对高深学问的自我意义建构，注重培养学生在复杂、不确定性的环境中对高深学问的理解能力和运用能力，课程体系从"层状"转向"网状"，以"意义建构"来组织课程，强调学习共同体和实践共同体对于意义建构的重要作用。[②]

① 瞿振元：《着力向课堂教学要质量》，《中国高教研究》2016年第12期。

② 潘懋元：《从高校分类的视角看应用型本科课程建设》，《中国大学教学》2009年第3期。

课程是实现专业人才培养目标的主要载体，在专业人才培养体系中，每门课程均有着自己的培养功效与教学目标，并支撑专业人才培养目标与毕业要求的达成。加强课程建设主要包括课程标准、教学设计、教学资源、师资队伍等四个方面内容。

一、课程标准(教学大纲)建设

(一)理论研究

《高等学校教学管理要点》(教高司〔1998〕33 号)中明确规定："制订课程教学大纲。大纲可参照国家教委提出的课程教学基本要求，依据学校制(修)订教学大纲的原则规定，组织有关教师编写，经系(院)、校相继认定，批准施行；也可参照使用国家教委组织制订或推荐的教学大纲。教学大纲要努力贯彻正确的指导思想，体现改革精神，符合培养目标要求，服从课程结构及教学安排的整体需要，防止单纯追求局部体系的完善。教学大纲的内容应包括本课程教育目标、教学内容基本要求、实践性教学环节要求、学时分配及必要的说明等部分。每门课程均应有教学大纲。每位教师在教学过程中都应当严格执行教学大纲。"

何玉海、王传金教授认为，课程标准是由国家的公认机构制定并由国家标准权威管理部门批准或核定的文件，是课程开发建设、课程实施、课程评价与管理的准绳。它规定了整个课程运作活动与过程的规则，供学校和教育机构遵守与反复使用，以确保教学活动的最佳效果和秩序。从课程运作过程来看，课程标准应该是一个由课程方案设计标准、学科课程标准、活动课程标准、教材设计与编写标准、课程实施标准、课程质量管理标准、课程标准的评价标准构成的课程标准体系。①

目前，课程标准的制定者分为两类，专业课程应该由专业教学指导委员会制定，公共课程应该由课程教学指导委员会制定。大学生母语素质课程

---

① 何玉海：《论课程标准及其体系建设》，《教育研究》2015 年第 12 期。

许多课程是根据教师的科研方向设置的课程，除“大学语文”外，多数课程还没有课程标准，应尽快出台相关的课程标准或框架体系，明确教学目标、教学内容，编制优秀教材。

教学大纲是根据课程在人才培养方案中所处的地位和要求，以纲要的形式编制的有关学科教学内容的指导性文件。教学大纲是对课程学习的指引，也是课程对学生学习的希望。教学大纲包括课程教学大纲和实践教学大纲，课程教学大纲又包括理论课程教学大纲和实验课程教学大纲。它规定了每一门课程的性质及其在专业课程体系中的地位、教学目的和任务，内容范围及顺序，教学时数和教学方法、教学手段，作业量、考试要求以及教材和参考书等。教学大纲是选择教材和编写教案的依据。内容应包含课程编号、课程总学时、周学时数、学分、课程类型、课程性质与特点、教学目的与要求、教学重点与难点、课程教学必修内容与选修内容及学时安排、教学方法与手段、教材与教学参考书、实验实践教学、课外训练及自学指导、考试考核等内容。各课程可根据课程特点增加包含的内容。

（二）理论课程教学大纲编制要求

1. 基本信息

（1）课程中文名称：课程名称务必规范、统一（以人才培养方案中课程名称为准）。

（2）课程英文名称：务必规范、准确。

（3）课程编号：在不同学期开设的课程应设置不同的代码。非单独设置的实验课程依所属课程代码。课程编号应与教务管理系统中所用编号一致。

（4）课程类别：分为公共必修课、公共选修课、专业必修课、专业选修课。

（5）适用专业：可填写多个适用专业。

（6）开课学期：指该门课程在教学全程中的设置学期。

（7）学时：总学时（理论课学时，实验课学时）。

（8）学分：应与人才培养方案中的学分设置一致。

2. 教学目标

在专业人才培养方案的总体框架下，厘清课程在人才培养目标达成中的地位与作用，建立课程教学目标和培养标准或毕业要求之间的映射关系。也就是说，在专业人才培养方案知识、能力、素质培养要求实现的矩阵中，该课程对应的培养标准，作为课程教学目标的重要部分。

3. 教学方案设计

以课程教学目标为基本出发点，教学方案设计主要包括以下内容：

(1)教学内容选择与学时分配。明确课程中的教学模块、章节或主题，以及它们所需要的学时数。

(2)教学结构与风格的设计。明确课前、课堂与课后三个环节的具体目标与作用、所依托的教学载体、教学方式与方法，以及三个环节之间的联动方式与机制；教学过程中，通过个体学习与团队学习的协同增强学生的交流与思考、互补与互促，并发挥团队学习在培养学生团队精神与合作能力的载体作用，促进学生的学习成效；明确教师与学生在课前、课堂与课后三个环节，所要承担的角色与职责。

(3)教学资源利用与建设方案的设计。明确支撑课堂教学模式改革所需要的教学资源，包括资源的具体数量、类型和载体形式；明确这些资源如何被用于课程教学的相关环节与教学单元；明确如何获得资源，包括来源与途径以及必要的投入等。

(4)教学要求。开设课程与培养要求对应关系矩阵，是将专业培养要求中的知识、能力和素质要求，落实到开设课程等具体的教学环节中，从而实现专业培养目标。为准确描述培养要求，将认知分成6个(依次递增)层次来描述。

①理论课教学内容与要求、教学的重难点。按章节填写教学内容与基本要求，指出教学中的重点与难点，提出提高学生自主学习能力和创新意识的教学方法的建议，注重突出对学生基本理论的培养和训练。

②实验课教学内容与要求、教学的重难点。归属本门课程教学总学时

而没有单独设置实践教学课的，应在此处列出实验内容与基本要求。另外，单独设置实践教学课程的，可在此处注明实践教学课程的名称，其详细内容列入实践教学大纲，无实践教学要求的课程可不填写此条目。为激发学生的学习自主性，必须对设计性实验、综合性实验提出要求。

4. 学时分配

按各章节列出学时分配。

5. 作业、练习的安排与要求

(1)课内练习的教学安排、内容与学时安排。

(2)学生课外作业的内容、目的、形式(论文、设计、调查、课后习题、阅读书目)、要求等。

6. 相关联的课程

(1)先修课程。需说明在开设本课程前学生需要学习的课程和必须掌握的知识与内容要求。

(2)后续课程。后续课程名称，说明学生学习本课程后，可为学生后续学习创造怎样的条件与基础。

7. 教材与教学参考书

(1)建议教材。列出推荐的教材书目 1～3 本：作者，教材名称，出版地，出版社，出版日期，版次。

(2)建议参考书目。列出参考书目 3～5 本：作者，参考书目名称，出版地，出版社，出版日期，版次。

教材不仅应符合教学大纲的基本要求，而且应首选获得省、部级以上奖励或公认的水平较高的教材。也可以选择自编的有特色的公开出版的教材；无合适教材的，可以选用自编讲义。任课教师一般应在教学大纲中列出从教材目录中选用的教材。

8. 考试考核

(1)应说明考核的方式与方法，如笔试、口试、上机、闭卷、开卷等。

(2)对于成绩评定应说明本课程的总成绩的组成及结构比例，并说明平时成绩(考勤、测验、提问、期中考试、实验或课程设计成绩等)在总成绩中占的百分比。

(三)实践课程教学大纲编制要求

1.基本信息

(1)课程中文名称:单独设置的实验课程、实习、实训、课程设计、毕业设计等。课程名称务必规范、统一。

(2)课程英文名称。

(3)课程编号:在不同学期开设的课程应设置不同的代码。

(4)课程类别:分为实验、实习、实训、设计等。

(5)课程性质:分为公共必修课、公共选修课、专业必修课、专业选修课。

(6)适用专业:可填写多个适用专业。

(7)开课学期:指该实践课程在教学全程中的设置学期。

(8)学分:根据人才培养方案中的设置来确定学分。

2.实践教学目标与基本要求

应根据课程大纲对实践教学的要求,参照现有的实验教材、参考书,明确学生应该了解、理解、掌握的目标,要突出对学生基本技能的培养。

3.实践教学内容与安排

实践类型指演示性、验证性、综合性、设计性、开放性实验或实习性质。为激发学生的学习自主性,必须对设计性实验、综合性实验提出要求。

4.仪器设备配置

实践教学所用的主要仪器设备名称及数量。

5.教材与教学参考书

(1)使用教材:作者,名称,出版地,出版社,出版时间,版次。

(2)实验指导书:作者,名称,出版地,出版社,出版时间,版次。指导书应符合教学大纲的基本要求,选用获得省、部级以上奖励或公认的水平较高的教材,也可以选择自编的有特色的讲义。任课教师应在教学大纲中列出从教材目录中选用的指导书。

6. 实验(实习)报告

应说明实验(实习)报告的格式等具体要求。

7. 考核

说明实践教学的考核方式及成绩的评定方法,若与理论考核相结合,应说明实验或设计环节占课程总成绩的百分比;若是单独考核,应根据学生在实验、实习、实训或设计过程中的表现、出勤率、学习态度和完成情况等,拟出评价标准。

二、课程教学设计

课程教学设计,是指根据课程标准的要求和教学对象的特点,确定合适的教学方案的设想和计划,是解决教学问题的系统方法,其目的是为追求教学效果的最优化。教学设计包括分析、设计、制定/开发、实施、评价/修改教学问题解决方案的全过程,即运用系统方法对教学过程的诸要素、环节及其相互关系进行科学的分析、描述、计划或规定,为所需的教学活动制定具体可行的、可操作的程序和方案。

具体来讲,按照成果导向教育理念,课程教学设计要充分体现现代教育的"新三中心"(学生发展、学生学习、学习效果)。所谓"成果",是指大学生在完成学习后所应知道的、理解的和具备的能力水平,其核心是学生完成学业后可以带得走的能力。作为教育过程最终表现的形态,能力有四个层面的内涵指向:一是包含知识和理解学术领域的理论知识、知晓和理解能力;二是对于在某个情境中实践和操作的知识能够掌握以及懂得如何去做;三是对于洞悉社会、与人相处的社会价值观,知道如何达成;四是拥有涉及知识及其应用、态度、技能和责任等一系列特长的组合。[①]

① 赵炬明:《论新三中心:概念与历史——美国 SC 本科教学改革研究之一》,《高等工程教育研究》2016 年第 3 期。

成果导向教育理念由三个部分构成。一是宏观层面的校、院、系(专业)三级人才培养目标及能力指标体系的建构;二是微观层面的基于成果导向理念的教学设计,涵盖由能力指标到教师如何选择讲授知识点的线性向下发展过程;三是评价层面的成果导向教育实施的评估与持续改进。从体系中我们可以看出,课程在落实人才培养目标、核心能力上具有重要作用。

课程设计是指课程组根据课程建设任务书确定课程的预期学习结果、讨论设计教学、讨论设计考核结构、讨论确定考核项目评价指标;责任教师准备教学资源、制定课程教学大纲。

课程层面落实的核心是学生达到预期的学习结果,即完成人才培养方案中的知识、能力、素质目标。那么如何落实呢?就是要制定课程大纲,明确课程的知识点和能力、素质的要求和预期学习结果的对应关系,明确程度要求。

首先,要设计课程的学习目标或成果描述课程每个知识点和能力项的学习结果。每门课程学生的知识"预期学习结果"要从专业培养标准的知识体系(知识单元和知识点)中得到。课程能力预期培养结果从专业培养目标的第三级挑选。项目、实践、实习、毕业设计等实践培养环节,能力预期培养结果从专业培养目标的第二级挑选,或要突出某个第三级能力指标。

其次,要设计主要的学习与教学活动,包括利用哪些资源(如教科书、参考书目)、通过哪些活动来实现预期的教学成果,并且要对每项课程活动进行简要的解释。

作为大学生母语素质提升课程,应该按照上述要求,认真落实"能够就复杂工程问题与业界同行及社会公众进行有效沟通和交流,包括撰写报告和设计文稿、陈述发言、清晰表达或回应指令,并具备一定的国际视野,能够在跨文化背景下进行沟通和交流"和"具有人文社会科学素养、社会责任感,能够在工程实践中理解并遵守工程职业道德和规范,履行责任"等人才培养的毕业要求,开展课程教学设计工作。

三、教学资源建设

教学资源是一门课程建设的重要组成部分，一般意义上包括教材、教学辅助材料、网络资源等等。新公布的在线课程建设标准，列出了教学资源建设的重要内容。拓展资源指反映课程特点，应用于各教学与学习环节，支持课程教学和学习过程，较为成熟的多样性、交互性辅助资源。例如，参考书以及案例库、专题讲座库、素材资源库等其他共享参考资料，学科专业知识检索系统、演示/虚拟/仿真实验实训（实习）系统、试题库系统、作业系统、在线自测/考试系统，课程教学、学习和交流工具及综合应用多媒体技术建设的网络课程等。

对于大学生母语素质课程来讲，应该建立语文鉴赏能力、口语和书面表达能力的相关案例库、素材库和专用的练习题库，建设网络资源，充分发挥语言数据库、中国古典文化的优势，建立完备的教学资源。

目前，大量的网络课程资源已经成为大学生学习母语素质的重要渠道，为学生提供了学习资料。国家规范建设的在线学习平台有：中国大学MOOC、爱课程、好大学在线、智慧树、超星尔雅等。中国大学MOOC在线学习平台，开设了6门“大学语文”课程、12门相关课程。

南开大学陈洪教授开设的“大学语文”课程，是南开大学大学生文化素质教育、人文素质教育的核心课程与特色课程。以“好文章”的研读为基本理念，上接中国古代“文”的传统，下连当下学生普遍熟悉的课文讲读式语文学习，通过讲读、品鉴好文章，学习经典汉语的使用方式，汲取前人的写作经验，把握文章的美质，体味文章中蕴含的中华文化。在具体讲授中，注意发挥现代文、古代文学、诗歌、翻译文等四类文章在母语教育中的各自优长，从文类、文体、文法、文旨、文趣等角度与授课教师专业背景、研究专长相结合，达到以中国语言文学宏阔专业背景、丰富专业知识支持母语“好文章”讲读的效果，使“好文章”研读的理论性和方法性更为突出，文化汲取、素养提升的意味得到凸显，为母语高等教育在现代学科教育体系中找到归宿。

东南大学张天来副教授开设的“大学语文 CAP”课程，是一门人文素质选修课程，选课对象以学有余力且对中国文学和中国文化有兴趣的高中同学为主。大学语文课程精心选择中国历代文史哲经典作品为教学内容，分析其思想情感、审美价值和文化意义，提升同学们对中国语言文学的热爱之情，陶冶情操，提高文化素养，启发寻找精神家园之路。学生考入东南大学，如果已取得该门课程的证书，学校将再组织一次水平考试，考试及格后认定课程修读的学分。

西北大学方蕴华副教授开设的“大学语文”课程，选取中外经典作品为讲解范例，以问题式、启发式为教学模式，以培养阅读、写作技能为核心，在新的高度上与圣贤先哲进行心灵与精神的对话，在审美体悟中深化对语文基本要素及其内在联系的把握，引导大家阅读和思考，锻炼阅读、写作能力，逐步提升文学素养，为其文化人格的健全和认知能力结构的良化奠定基础。

中原工学院蔡爱芳老师开设的“大学语文”课程，通过对经典文化作品的导读，引导和激发学生主动阅读经典作品的热情和兴趣，在阅读中进行思考，以思考促进表达，将阅读、思考和表达融为一体。同时，提升学生的文学素养和人文素养，陶冶学生的审美情趣，提高学生的审美水平。

宁波城市职业技术学院的宁业勤副教授开设的“大学语文”课程，围绕“人与理想的追求”“人与心灵的对话”“人与形象的塑造”“人与人的交往”“人与环境的和谐”“创造与创新的魅力”“应用文写作”等七个主题，精选名著名篇，组成教学单元开展教学，旨在使中华民族优秀的人文成果及其所蕴含的价值观念、道德标准、审美情趣、思维方式等内化为学生的道德品格，让学生学会用真、善、美的思想，完善的人格，正确的眼光来感知世界，认识人生，传承民族精神。

江苏师范大学李昌集教授开设的“中国古典诗文朗诵与吟诵”课程，系统讲解古诗文朗诵和吟诵的规则要领及其特有的古典风味；解析传统吟诵的特质和形式要素、传统吟诵调转化为普通话吟诵的方法要领。2018 年 9 月的选课人数达到 4640 人。

江南大学杨晖教授开设的“写作与交流”课程，以国学经典导读为基础，过渡到创意写作、应用写作、口语交际，设计出从素质培养到人际沟通技巧的实践过程，打破以往文科教学概念过多、理论过多的教学模式，重点放在“问题意识”与“动手能力”的培养上。“国学经典导读”注重培养学生的文化修养，“创意写作”“应用写作”注重提升学生的写作水平，“口语交际”注重训练学生的语言表达能力。采用课内教学与课外的网络自学、教师在线辅导与学生间交流等方式，结合研讨和课外读、写、练等活动，拓展课程的学习时空，提高学生的自学能力，实现“善教”与“乐学”的统一，以帮助学生更全面地掌握课程内容，提高写作与交流能力。2018 年 9 月的选课人数达到 1535 人。

四、师资队伍建设

《中共中央、国务院关于全面深化新时代教师队伍建设改革的意见》指出：教师承担着传播知识、传播思想、传播真理的历史使命，肩负着塑造灵魂、塑造生命、塑造人的时代重任，是教育发展的第一资源，是国家富强、民族振兴、人民幸福的重要基石。[①] 加强理想信念教育，深入学习领会习近平新时代中国特色社会主义思想，引导教师树立正确的历史观、民族观、国家观、文化观，坚定中国特色社会主义道路自信、理论自信、制度自信、文化自信。引导教师准确理解和把握社会主义核心价值观的深刻内涵，增强价值判断、选择、塑造能力，带头践行社会主义核心价值观。引导广大教师充分认识中国教育辉煌成就，扎根中国大地，办好中国教育。

全面提高高等学校教师质量，建设一支高素质创新型的教师队伍。着力提高教师专业能力，推进高等教育内涵式发展。搭建校级教师发展平台，组织研修活动，开展教学研究与指导，推进教学改革与创新。加强院系教研

① 中共中央、国务院：《关于全面深化新时代教师队伍建设改革的意见》，2018 年 1 月 31 日，http://www.moe.edu.cn/jyb_xwfb/moe_1946/fj_2018/201801/t20180131_326148.html，访问日期：2018 年 3 月 16 日。

室等学习共同体建设,建立完善传帮带机制。

教师角色无可替代之处在于:在前沿性的学科知识中选择“最有价值”的知识,将其纳入课程,再把这些课程知识有效地传授给学生。大学生母语素质课程的师资队伍建设是重中之重。

目前,许多工科院校没有文学院,更没有相关的师资力量。从长远的发展来看,国家应该加大母语教育师资力量的培养,增加相关学科的研究生招生数量,要求高校配备一定数量的大学生母语素质教师队伍,像大学外语一样,建立大学语文(或大学母语素质课程)教学部,对“生师比”作出明确要求,纳入评估指标。在保证教师数量的前提下,加大对师资教学能力的培训,增加学习交流的机会,提高教师的教学能力,提高教师的“质”。

在抓好校内师资队伍建设的同时,充分利用现代信息技术的成果,充分发挥“爱课程”“雨课堂”“智慧树”“超星尔雅”等网络学习平台的作用。

五、国家精品在线课程建设

教育部 2017 年 12 月 29 日下达《教育部办公厅关于公布 2017 年国家精品在线开放课程认定结果的通知》(教高厅函〔2017〕80 号),根据《教育部关于加强高等学校在线开放课程建设应用与管理的意见》(教高〔2015〕3 号)精神和《教育部办公厅关于开展 2017 年国家精品在线开放课程认定工作的通知》(教高厅函〔2017〕40 号)要求,经资格审查、专家评议与公示,认定 490 门课程为 2017 年国家精品在线开放课程,其中本科课程为 468 门,专科高等职业教育课程为 22 门。笔者对 468 门课程进行筛选统计,30 门课程可以认为是大学生母语素质提升课程。具体课程名单见表 3-1。

表 3-1　　30 门课程大学生母语素质提升类国家精品在线开放课程

序号	序号	课程名称	课程团队负责人	主要建设学校	主要开课平台
1	5	民俗学	王娟	北京大学	华文慕课
2	17	艺术与审美	叶朗	北京大学	智慧树
3	18	“非遗”之首——昆曲经典艺术欣赏	顾春芳	北京大学	智慧树
4	34	唐宋词鉴赏	王步高、程钢	清华大学	学堂在线
5	40	《资治通鉴》导读	张国刚	清华大学	学堂在线
6	41	中国古代礼仪文明	彭林	清华大学	学堂在线
7	132	老子的人生智慧	张雷	东北大学	爱课程(中国大学MOOC)
8	169	中国传统艺术——篆刻、书法、水墨画体验与欣赏	胡修瑞	哈尔滨工业大学	爱课程(中国大学MOOC)
9	171	孙子兵法中的思维智慧	于凡	哈尔滨工程大学	智慧树
10	228	大学语文	张天来	东南大学	爱课程(中国大学MOOC)
11	246	唐诗经典	胡可先	浙江大学	爱课程(中国大学MOOC)
12	277	《孙子兵法》鉴赏	陈润华	福州大学	爱课程(中国大学MOOC)
13	288	神韵诗研究	王小舒、吕玉华	山东大学	爱课程(中国大学MOOC)
14	303	《道德经》的智慧启示	丁玉柱	中国海洋大学	爱课程(中国大学MOOC)
15	306	笔墨时空——解读中国书法文化基因	房彬	临沂大学	智慧树
16	308	科举与唐诗	王士祥	郑州大学	爱课程(中国大学MOOC)

续表

序号	序号	课程名称	课程团队负责人	主要建设学校	主要开课平台
17	309	文化差异与跨文化交际	曾利娟	郑州大学	爱课程(中国大学MOOC)
18	311	佛教文化	高文强	武汉大学	爱课程(中国大学MOOC)
19	318	世界华文文学经典欣赏	赵小琪	武汉大学	爱课程(中国大学MOOC)
20	319	中国文化概论	李建中	武汉大学	爱课程(中国大学MOOC)
21	320	《说文解字》与上古社会	万献初	武汉大学	爱课程(中国大学MOOC)
22	321	方言与中国文化	阮桂君	武汉大学	爱课程(中国大学MOOC)
23	322	文学欣赏与批评	陈国恩	武汉大学	爱课程(中国大学MOOC)
24	324	古文字学	肖圣中	武汉大学	爱课程(中国大学MOOC)
25	393	经典导读与欣赏	董小玉	西南大学	爱课程(中国大学MOOC)
26	398	中国诗歌艺术	王红	四川大学	爱课程(中国大学MOOC)
27	440	中国哲学经典著作导读	张帆、燕连福	西安交通大学	爱课程(中国大学MOOC)
28	441	品读道家智慧	韩鹏杰	西安交通大学	爱课程(中国大学MOOC)
29	454	中国传统文化	李娟	西安交通大学	智慧树
30	455	《论语》的智慧	陆卫明	西安交通大学	爱课程(中国大学MOOC)

第四节　大学生母语素质课程教学改革

党的十八大以来，党中央、国务院高度重视语言文字事业发展，习近平总书记多次批示，为语言文字工作指明了方向。国家语委制定《国家语言文字事业"十三五"发展规划》，明确了新时期语言文字工作的指导思想和目标任务，确立了"一个核心、五个着力"的大方向，确定了"一普及、两提升"的发展目标，明确了"五大任务"和"五项工程"。构建了"大语言文字工作"的发展新思路，立足于两个一百年奋斗目标、人类命运共同体等国内和国际形势的大视野，树立高站位、全覆盖、广动员、深合作的大格局。[①]

作家王蒙曾在回忆录中写道，他少年时分别听了国民党官员和共产党人的讲话，前者说话"官声官气、拿腔拿调"，而共产党人则"充满理想、信心百倍"。他得出结论："一看语言文字，就知道谁战胜谁了。""一支笔胜于三千毛瑟枪。"语言文字具有非同一般的力量，这一点在和平年代同样能体现出来：毛泽东同志"弹钢琴"的比喻、邓小平同志"一心一意搞建设"的嘱托、习近平总书记"不忘初心，继续前进"的要求，言简意赅，让人听得进、记得往、能落实。今天的新成绩、新形势、新问题，需要我们不断用新的文风、话风去报道、反映和解读。具有生命力的语言文字，能够引领风气，引发共鸣，并为实现中国梦凝聚力量。[②]

通过上面的分析可以得出：大学生母语素质课程教学改革要坚持立德树人，坚持培养培养德智体美全面发展的社会主义建设者和接班人，坚持信息化建设，从教学内容、教学方法上大胆创新，勇于改革，全面提升人才培养质量。

---

① 杜占元：《深入学习贯彻党的十九大精神　推动新时代语言文字事业创新发展》，2018 年 4 月 10 日，http://www.moe.gov.cn/jyb_xwfb/moe_176/201804/t20180410_332753.html，访问日期：2018 年 6 月 12 日。

② 夏妍：《语言文字就是力量》，2016 年 10 月 18 日《光明日报》。

一、教学内容的选择

课堂教学是高校语文实施和开展的重要手段。因此,对于课堂教学内容的选择已经成为高校语文教育工作者首要面对和关注的问题。在新课程改革过程中,也明确提出语文学科必须改变以往的课堂教学思维模式,完善教学内容的选择,从学生的实际出发,切实寻找适合语文学科的教学内容和教学方法。①

然而,在如今的教学过程中,教师在教学内容的选择上存在各种问题,不仅脱离了大学母语素质教育,学生的意愿协调能力和书面表达能力得不到提升,而且我国优秀的文化传统也无法在新一代青年身上传承与发扬。这无疑是大学课程在教学内容的选择上没有充分发挥其作用,所以,也就背离了我们大学语文教学的初衷。如今,我国科技经济方面快速发展,社会已经进入到信息时代,对于高校语文教学要慎重考虑,既要符合当下时代的潮流,满足大学生精神上的需求,又要注重大学生母语素质的提高,传承中华民族的优秀文化传统。在教学内容的选择层面,笔者结合例子从以下几方面进行阐述。

(一)增加经典名著的阅读与赏析

经典名著的赏析可以让学生接受一些更为正面的文学作品的熏陶,在提高学生道德修养的同时,也能让学生形成自身品性。我国的四大名著代表着我国文学史上的最高成就,知其名者多,而将其全部读完的人而少之又少,长此下去将会造成一种文化缺失感。所以,在教学内容的选择上,我们应该加入国内外经典名著的赏析。如此,不仅对传承中国文化有积极的意义,而且也扩大了学生的文化视野。

笔者就以姜山秀、李桂廷主编的《大学语文》中的神话三则中《精卫填海》为例,对学生在经典名著赏析方面的教学内容选择上进行详细阐释。

---

① 何好:《信息时代下我国高校语文课堂教学内容的选择》,《才智》2013年第20期。

第一，笔者之所以会选择神话三则中的《精卫填海》，在于上古神话会在很大程度上影响民族精神的形成及其特征，并且中国古代神话已经蕴含了中华民族的一些基本精神，如《精卫填海》中的抗争精神。

第二，上古神话作为中国文学发展的源头之一，对后世文学体系的形成起着重要的作用。它是当时社会发展的产物，是人类早期不自觉的艺术创造。因为有了它的产生，中国文学在此基础上循序发展，中华民族精神得以渗透其中。《精卫填海》作为家喻户晓的一则神话，讲述的是中国上古时期，一只名叫精卫的鸟努力填平大海的故事。这则神话刻画了英勇顽强的精卫形象，体现出中国劳动人民不断向自然探索，顽强拼搏，奋斗不止，坚持不懈的精神。《精卫填海》作为中国上古神话的一个缩影，蕴含着深厚的民族、历史、社会的深厚的文化沉淀，符合大学生的精神层面需求，以此大学生可获得解读弘扬传统文化的能力，提高母语素质。

第三，上古神话是以文言文的体裁出现。文言文作为一种古代书面语，距离现代时间遥远，与口语也相去甚远。但它毕竟是汉民族的语言，是一种特殊形式的母语。学生在朗读和背诵中培养对古文学习的语感，感受文言文书面语的魅力，提高审美能力。在语文教学中，审美能力的提高又要通过良好的语感来完成。言语活动(包括语文学习)中的审美对象的感受、审美情感的诱发、审美能力的形成都必须基于语感。所以，语文审美能力的形成是以良好语感的形成为标志，同时，语感能力的高低决定了语文审美能力的雅俗，而学生的审美能力直接关系到了大学生母语素质的高低问题。[①]

(二)重视语文基础知识的学习

语文思维能力和理解能力的培养离不开牢固的基础知识，语文修养的不断提高更离不开牢固基础知识的奠基。所以，不管大学语文教学内容如何改变，教学内容的选择都无法脱离语文基础知识。换言之，语文基础知识

---

① 周小琪:《内隐学习理论视野下中学生文言文语感培养策略研究》，重庆师范大学硕士论文，2008 年。

对于母语素质的提高发挥着不可替代的重要作用，无论何时何地都应该处在一个不可更改的位置上。但教学不应该仅仅是一种单向灌输的过程，教与学是教师与学生双向交流的过程。在对于学生母语素质的培养过程中，科学、合理、有趣地选择教学内容对基础知识的学习尤为重要。

下面，笔者将以姜山秀、李桂廷主编的《大学语文》为例，对教师在语文基础知识方面的教学内容选择上进行详细阐释。

第一，古文的选择能够培养学生的基础知识，提高学生的母语素养。姜山秀、李桂廷主编的《大学语文》，选取了《山海经》中的《精卫填海》《刑天舞干戚》《夸父逐日》和《诗经》中的《黍离》《静女》等古文。《山海经》是我国现存最古老的一部富于神话传说的地理书。它主要记述古代地理、物产、神话、巫术、宗教等，也涉及上古史、医药、民俗、民族等方面的内容。《诗经》是中国古代诗歌开端，是最早的一部诗歌总集，原称《诗》或《诗三百》，收集了西周初年至春秋中叶（前11～前6世纪）的诗歌，共305篇，反映了周初至周晚期约五百年间的社会面貌。选取《山海经》和《诗经》选篇，可以提高学生对远古时代人们生活方式和环境的了解，加强学生的基础知识，进而提高学生母语素养。

第二，中国传统节日素材的选择能够培养学生的基础知识，提高学生的母语素质。在姜山秀、李桂廷主编的《大学语文》中，第七单元对中国传统的节日习俗进行了介绍，这对培养学生的基础知识和弘扬传统文化都发挥着重要作用。传统节日，主要是指与天时、物候的周期性相适应，在人们的社会生活中约定俗成的具有某种风俗活动内容的特定时日。其中《寒食》《喜迁莺·端午泛舟》《鹊桥仙·七夕》《洞仙歌·中秋》《木兰花慢·重九》分别涉及了寒食、端午、七夕、中秋和重阳节，在赏析相关的古典诗词作品的同时，有利于学生对传统节日来历与习俗活动的了解，加深学生的民族情怀，提高学生的母语素养。

（三）注重知识与能力的培养

大学生在学习过程中，不应仅仅以知识的获取为目的，而更应该注重能力的培养，其中包括母语能力中的汉语基本听说读写能力、意愿表达交流协调能力、解读弘扬传统文化能力。本来知识和能力的培养就是一同实施的过程，所以教师在教学内容的选择和讲授过程中，既要满足学生知识学习的需求，又要培养学生的母语能力。

笔者就以姜山秀、李桂廷主编的《大学语文》中的《黍离》《我爱这土地》为例，对教师在知识与能力培养方面的教学内容选择上进行详细阐释。

第一，笔者之所以会选择以诗歌为体裁的作品，在于它的出现源远流长。《诗经》作为我国文学史上第一部诗歌总集，是我国古典现实主义诗歌的源头，题材广泛，从不同方面反映了当时社会经济状况、政治矛盾、意识形态和风俗习尚，是我国古代社会一部宏伟的历史画卷，具有很高的文学和史料价值。而《我爱这土地》是艾青所写的一首现代诗歌，感情真挚，诗风清新，是古代诗歌的继承和发展，虽然表现形式、内容表达等方面发生了变化，但是诗歌内在的审美魅力却依然蕴含其中。所以，在教学内容的选择上，我们可以注重对诗歌体裁的选取，培养学生的鉴赏力。

第二，在内容上，《黍离》按照黍子发芽、长苗到抽穗结实三个自然生长阶段变化，描写那个人的彷徨、徘徊和悲伤。人类的失落与大自然的周而复始之间的对比在诗人心中引起了不安和激情。而“黍离之悲”在中国文化中成了一种深沉的民族心理沉淀，成为亡国遗民借以抒发爱国情怀的一种典型意象，被赋予了特定的美学意义。艾青的《我爱这土地》创作于抗日战争时期，以鸟儿自比，用自己的歌喉唱出“天下兴亡，匹夫有责”的时代主题。这两首诗歌同时被收录于姜山秀、李桂廷主编的《大学语文》中第二单元心怀天下中，体现出一种忧国忧民的民族感情。学生在学习过程中，可以提高自身的民族历史感。

第三，学生在知识获取的同时，不仅要促进学生对诗歌审美能力的提升，而且学生要获得写作的能力。教师可以运用1小节课时的时间，向学生讲述诗歌的写作，如此，培养学生的感受能力和创作力。

(四)母语素质背景下,人文素质培养功能的实现

大学语文作为一门高等院校的公共必修课,在母语素质下,自始至终就肩负着培养大学生人文素质的重任。人文素质,主要表现在一个人的品德、修养、人格、气质等几方面,是由知识、能力、观念、感情、意志等多种因素综合而成的一个人的内在品质。所以,大学语文内容的选择应体现一定的人文基础知识、理想信念、审美能力、民族精神、爱国精神和奉献精神。通过培养学生强烈的爱国主义情感和坚定的理想信念、完善的知识结构,使其具备文学素养的审美能力以及具有健全的人格来提高学生的人文素质。在大学语文的教学中,教师可以透过文学作品的解读、分析,引导学生去欣赏作品背后的内容,揭示作品所蕴含的中华民族的厚重文化精神,展现作者的人格魅力和精神追求,从而培养学生的健全人格,提高学生的母语素质和人文素质。

下面,笔者将以姜山秀、李桂廷主编的《大学语文》为例,对教师在人文素养培养功能方面的教学内容选择上进行详细阐释。

第一,厚重的民族精神对学生母语素质和人文素质的培养。每个民族都有自己童年时代的梦想——神话,它已经蕴含了中华民族的一些基本精神。如:《女娲补天》《羿射十日》蕴含了深重的忧患意识;《刑天舞干戚》《精卫填海》《夸父逐日》表达了顽强的抗争精神;《女娲造人》《鲧禹治水》体现出明确的厚生爱民意识。姜山秀、李桂廷主编的《大学语文》选取了《精卫填海》《刑天舞干戚》《夸父逐日》三则神话,体现了仁爱无私、忧虑世间、心怀人民、为人民甘愿吃苦受累甚至献出生命的民族精神和奉献精神。

第二,心怀天下、忧国忧民的爱国精神对学生母语素质和人文素质的培养。在姜山秀、李桂廷主编的《大学语文》中,第二单元体现出强烈的爱国情感和高度的社会责任感。先秦时代的晏子曾经说过“利于国者爱之,害于国者恶之”,清代的林则徐也曾说过“苟利国家生死以,岂因祸福避趋之”,不论在哪个时代,爱国都是最值得称颂的主旋律。如《蒿里行》所表现出的强烈的人道情怀与政治理想。缅古抚今,此种为人有几何?这首诗所体现出来

的深沉的人道情怀与以天下为己任的政治情怀对于学生母语素质和人文素质的培养尤为重要。《蒿里行》中,“白骨露于野,千里无鸡鸣”二句,从视觉和听觉两方面大幅度地勾画出战乱时代百姓悲惨的生活画面。明代的钟惺在《古诗归》中曾说过:“汉末实录,真诗史也。”中国自古以人死后“入土为安”为起码之原则,而白骨累累,曝于荒野,且以千里之广土,读之者情何以堪!学生在学习这篇文章的时候,仿佛在目睹这一幕幕满目疮痍一片荒凉凄惨的画面,这种触目惊心的景象无不唤起学生渴望社会安定、人民生活幸福的高度社会责任感,进而实现对学生母语素质和人文素质的培养。

第三,悲凉慷慨、沉郁雄健的审美风貌对学生母语素质和人文素质的培养。锺嵘在《诗品》中曾说过:“曹公古直,甚有悲凉之句。”敖器之《诗评》也提到“魏武帝如幽燕老将,气韵沉雄”。《蒿里行》那悲凉慷慨、沉郁雄健的审美风貌是极有利于学生体会建安风骨,提高自己的母语素养和人文素质。

以上四点,笔者结合事例阐述了对于教学内容应以注重民族精神的发扬、审美能力的提升、文学知识的储备为选择对象,以提高大学生母语素质为目的,而不是生搬硬套,无目的地去向学生灌输知识。

二、教学方法的选择

方法是实现人类有目的活动的要素之一,无论什么人、什么事,都离不开一定的方法,都必须在一定的方法下指导进行。能够使用正确的方法,做事情才能事半功倍;相反,如果方法错误,则会一败涂地。所以方法的问题研究需要重视,在高等教育事业方面也不例外。

那么什么是教学方法呢?简单来讲,教学方法是联系教师、学生和教学内容三者的中介和桥梁,是把已经定制好的教学内容付诸实践所使用的方式和手段。教学是否成功与教学方法有着密不可分的联系,它有着较强的实践意义,极大地影响教学效率和教学效果。

在高等教育中,大学语文作为一门的基础课程,对于提高学生的母语表达、文字写作、理论思维、社会交往、综合分析等诸方面能力发挥着不可或缺的作用。在大学教学中,学生对母语的学习主要体现在怎样学好大学语文。大学语文教学中,常用的几种教学方法有讲授法、谈话法、讨论法、读书指导法、练习法和情境教学法。

(一)讲授法

1.讲授法的含义

讲授法是教师利用语言及各种教学媒体,引导学生理解重要事实,形成概念、原理、规律、法则等的行为方式。其意义在于组织学生已有的表象和经验,架设通往新知识学习的桥梁;揭示概念与原理的本质,促进知识的掌握;指导学生"学会学习",发展他们的智能;培养和激发学习动机,习得一定的情感、态度和价值观。讲授法是世界上最悠久,应用最普遍的方法,它能在较短时间内让学生获得大量的系统知识。讲授法主要有讲述、讲解、讲读、讲演四种方式。

2.运用讲授法的基本要求

(1)讲授既要重视内容的科学性和思想性,同时又要尽可能地与学生的认知基础发生联系。

(2)讲授应注意培养学生的学科思维。

(3)讲授应具有启发性,在讲授中善于提问并引导学生分析和思考问题,使他们的认识活动积极开展,自觉领悟知识。

(4)讲授要讲究语言艺术。

(5)"三分之二律":美国教学研究专家弗兰德斯认为,课堂时间的三分之二用于讲话,讲话时间的三分之二是教师讲话,教师讲话的三分之二是向学生讲话而不是与学生对话。

3.正确区分"注入式"教学与讲授法

讲授并不等于"注入式"教学。"注入式"也叫"填鸭式"和"满堂灌",是指教师从主观愿望出发,不考虑学生学习的积极性和接受能力,把学生看成消极、被动的客体,向学生灌输知识,要求学生死记硬背。

讲授法应该是"启发式"的。由于教授法是一种单向性的思想交流,不易发挥学生的积极性和主动性，容易形成“注入式”教学，所以要正确运用讲授法，讲授时不是把知识和盘托出，而是循序渐进，举一反三，达到启发创造性学生思维的目的。

4. 讲授法的教学应用

对于讲授法在教学中的应用，笔者以姜山秀、李桂廷主编的《大学语文》中的《答谢中书书》为例进行分析：

(1)合理选取讲授法。要根据讲授内容的科学性和思想性以及学生的认知基础进行讲授。《答谢中书书》是一篇优美的山水小品文，篇幅短小却很有意蕴，适合用讲授法进行授课。但是需要注意的是，讲授并不是简单的“灌入式”教学。讲授法分为四种，分别是讲述、讲解、讲读、讲演。这篇优美的山水小品文主要采用讲读的方式，让学生在反复诵读、能够背诵的基础上去品味山水之美，从而起到弘扬传统文化、提高学生母语素质的作用。

(2)讲授法在导入环节的应用。新课的导入是课堂教学中重要的一环，这一环节可以联系过去所学内容，《答谢中书书》这篇文章就可以联系孔子的话进行导入。孔子曾经说过：“仁者乐山，智者乐水。”自古以来许多文人墨客都喜欢游山玩水，他们给我们留下了大量的歌咏自然山水的优美诗文。《答谢中书书》这篇文章，更是被称为既是一幅“清丽的山水画”又是一首“流动的山水诗”，既像画又是诗。如此联系学生所学知识引用诗句导入，能够激起学生对古诗词学习的兴趣，不仅方便展开进一步的讲授，还能够激发学生对古诗词的学习，弘扬中华优秀传统文化，提高学生母语素质。

(3)讲授法在教学目标和教学重难点环节的应用。在把握教学目标和教学重难点的基础上进行讲授，同时要培养学生的学科思维。《答谢中书书》这篇文章的教学目标主要是了解短文的作者及写作背景，体会作者所表达的思想感情。而教学重点就是去引导学生感受作品的优美意境，体会作者的思想感情。教学难点在于如何使学生体会大自然的美，理解作者写景的巧妙。在对课文内容的讲解前，首先需要出示教学目标，目标的出示能够让学生有一个明确的学习目的，做到有的放矢，便于发挥学生的积极性和主动性。这节课可以通过研读课文进行讲读，让学生体味文中的美丽景色，理解作者所表达的情感。

(4)“启发式”讲授法的应用。在《答谢中书书》这篇文章的讲授中，讲授要采用一定的顺序，启发学生的思考。因为作者依次向我们展现了山川四时的美景和一天中晨昏景色的变化，那么教师在授课时，应该按行文描绘的顺序去勾画出一个活灵活现、趣味盎然的山林世界，从而引发学生的思考，进入无限遐想的空间。当学生跟随教师讲授进入作者的山林世界后，教师应该因势利导，启发学生对作者所表达感情的思考。古人云：“一切景语皆情语。”景物的描写其实承载着作者自己的心情和情感，作者向我们展现了这么美好的世界，无处不在地流露着作者对这片美景的由衷赞叹和热爱。另外还要联系当下，讲述山河秀丽的祖国，由此可以进一步培养学生对祖国大好河山的热爱之情和强烈的爱国情怀。

(5)讲授要注意语言艺术。汉语作为母语，具有极强的艺术魅力。在讲授时，语言要生动形象、富有感染力、清晰、准确、简练，条理清晰，通俗易懂，音量、语速要适度，语调要抑扬顿挫，适应学生的心理节奏，体现我们的母语特色，从而提高学生的母语素质。《答谢中书书》讲授的语言首先要体现山水相映之美。教师在组织语言时可以用“峻峭的山峰直入云霄”“哗哗的流水澄澈清明”等语言体现诗意般的灵动。其次，对于色彩搭配之美的讲授，可以采用山青水绿、五色交辉等词语。另外，对于晨昏变化之美的讲授，可以采用白雾缭绕、猿啼鸟鸣、红日西沉、沉鱼竞跃等词语。最后，对于动静相衬之美的讲授，可以用高峰的静、流水的动，青林翠竹的静、五色交辉的动，晓雾将歇的静、猿鸟乱鸣的动等现象，再现一种生机和活力，营造热闹的气氛。山水相映之美、色彩搭配之美、晨昏变化之美、动静相衬之美都由母语灵动诗意地表达出来，学生在学习的同时，无形之中也是母语素质提高的过程。

(二)谈话法

1.谈话法的含义

谈话法也叫“问答法”，它是教师按一定的教学要求向学生提出问题，要求学生回答，并通过回答的形式来引导学生获取或巩固知识的方法。谈话法特别有助于激发学生的思维，调动学生学习的积极性，培养他们独立思考和语言表述的能力。

2. 谈话法的基本要求

（1）要准备好问题和谈话计划。教师要对谈话的中心和提问的内容做好充分的准备。在上课之前，教师要根据教学的内容和学生已有经验、知识，准备好谈话的问题、顺序，如何从一个问题引出和过渡到另一个问题。

（2）提出的问题要明确、具体，能引起思维兴奋，即富有挑战性和启发性。问题的难易要因人而异，符合学生的已有知识程度和经验。

（3）要善于启发诱导。

（4）要做好归纳小结。这样能使学生的知识系统化、科学化，并注意纠正一些不正确的认识，帮助他们准确地掌握知识。

3. 谈话法的教学应用

关于谈话的教学应用，笔者以姜山秀、李桂廷主编的《大学语文》中的文章进行分析，如《湖心亭看雪》这篇文章就可以采用谈话法进行讲解：

（1）谈话法在导入环节的应用。导入可以激疑设问。在上课之前，根据教学的内容和学生已有经验、知识，准备好导入问题。可以通过多媒体出示四幅西湖风光图片，设置问题让学生回忆曾学过描写西湖的诗句来激发学生的学习兴趣。有人说，西湖观景，晴景不如雨景，雨景不如雾景，雾景不如月景，月景不如雪景。在前人的笔下西湖的阴晴风雨已经被描绘得变幻多端，摇曳生姿了。然后反问学生西湖的雪景又将有怎样一番动人的意韵，从而导入张岱的《湖心亭看雪》这篇文章。

（2）谈话法设置问题的要求。以谈话法进行讲解要提前设置好问题并且明确问题所指向的中心所在。所提问题要符合本文赏析雪后奇景，体味白描手法和解读张岱精神世界的教学目标。对于《湖心亭看雪》这篇文章，我们可以设置几个有指向性的问题，如：孤傲的张岱去湖心亭看雪，看到了怎样的雪景呢？这些景物为什么会显得这么渺小？作者寥寥几笔，不加渲染，勾画景物的写法叫什么手法？一切景语皆情语，透过文字勾勒的雪景，你能隐隐约约感到作者具有怎样的品性吗？通过这几个问题，既明确地赏析了西湖雪后奇景，体味白描手法的高妙之处，又解读了作者张岱的精神世界，体味张岱的人格魅力。

(3)谈话法的启发性。当问题提出后，要善于启发学生利用他们已有知识经验或对直观教具观察获得感性认识进行分析、思考，研究问题或矛盾的所在，因势利导，让学生一步一步地去获取新知。书读百遍，其义自见。在读《湖心亭看雪》这篇文章时引导学生去发现一个“痴”字，从而因势利导，让学生找“痴行”，品“痴景”，议“痴心”，进而走入作者张岱的内心世界，体会张岱的痴和他的孤独清高、超凡脱俗、痴迷自然和对故国的思恋。通过本课的学习，学生在体会张岱怀念故国的强烈爱国情感的同时，能够上升到自己对祖国的热爱，对传统文化的弘扬。

(4)要做好归纳小结。通过多媒体回放西湖雪景，总结《湖心亭看雪》这篇文章所描绘的雪后奇景，体味白描手法，概括作者张岱的人格魅力。

(三)讨论法

1.讨论法的含义

讨论法是学生在教师指导下为解决某个问题而进行探讨，明辨是非真伪，以获取知识的方法。其优点在于能够更好地发挥学生的主动性、积极性，有利于培养学生的独立思维能力和口头表达能力，促进学生灵活地运用知识。

2.讨论法的基本要求

(1)讨论的问题要有吸引力。选好问题是讨论的前提，问题要有吸引力，能激起他们的兴趣，有讨论、钻研的价值。

(2)要善于在启发中对学生启发引导。启发他们独立思考，勇于发表自己的看法，围绕中心议题发言。

(3)作好讨论小结。

3.讨论法的教学应用

关于讨论法的教学应用，笔者以姜山秀、李桂廷主编的《大学语文》中的周国平的《面对苦难》为例进行分析：

(1)讨论法在教学目标和教学重难点环节的应用。与谈话法相似，讨论法所要涉及的问题要在符合教学目标和教学重难点的前提下做到有吸引力，激发学生学习兴趣。与谈话法不同，讨论法是学生合作学习的表现。《面对苦难》是一篇富于精神性的哲理散文。文章分为三部分，分别以三个小标题标出。它的特点不是追求分析论证的层层相扣，而是采用诗一般跳跃的思维，充满哲理意味的句子，以及具象性的阐发来直接点明思考的主题。根据《面对苦难》把握作者独特的思想，体会作品将抽象的精神写得灵动鲜活、具体可感的和理解苦难的价值，养成对待苦难的正确态度，提高对苦难的承受能力的两点教学目标以及理解苦难的价值及对待苦难的态度的教学重点，理解苦难的价值和以尊严的方式承受苦难的教学难点来设置本课所要讨论的问题。

(2)讨论法在问题设计环节的应用。文章的第一部分主要论述了人生中“苦难”的必然性和普遍性。可以让学生思考并讨论作者是如何解释“苦难”的含义，“苦难”具有什么特点，为什么说每个人都应有面对苦难的心理准备，作者如何解释幸福与灾祸的关系，为什么幸福的反面不是痛苦等问题，来理解“人生在世，免不了要遭受苦难”的主旨。学生通过讨论，自己对“苦难”进行定义，并以具体例子加以说明。在这样的基础上，进一步理解“如何面对苦难，便是摆在每个人面前的重大人生课题”。因为“人生在世，总会遭受不同程度的苦难，世上并无绝对的幸运儿”。这就不仅提出了问题，讨论了问题，而且可以得出苦难的普遍性。

而文章的第二部分主要是对苦难的价值的思考。在文章的第二部分中，通过让学生思考并讨论：作者提出了什么问题，作者是什么态度，作者认为苦难为什么有价值，作者在论述苦难的价值时批评了哪些错误的表现，怎样理解“幸福是灵魂的叹息和歌唱，苦难是灵魂的呻吟和抗议”等问题，对学生进行启发与引导。启发他们独立思考，勇于发表自己的看法，围绕文章的中心议题对文章进行理解。通过讨论，让学生发现过去在苦难问题上的误区:“人们往往把苦难看作人生中纯粹消极的,应该完全否定的东西。”而作者所认为的苦难是有积极意义的。因为苦难与幸福虽是相反的东西,但它们都直接和灵魂有关。作者用诗化的语言,阐述了幸福、苦难与灵魂的关系:如果说幸福是灵魂的巨大愉悦,这愉悦源自对生命的美好意义的强烈感受。那么,苦难之为苦难,正在于它撼动了生命的根基,打击了人对生命意义的信心,因而使灵魂陷入了巨大痛苦。在这里,给学生设置讨论的问题要抓住“灵魂”这一中心词和“生命意义”“精神价值”等词语,这样便更加突出了苦难对于人的生命的意义。

文章的第三部分提出了“以尊严的方式承受苦难”的中心论点。可以设计怎样“以尊严的方式承受苦难”,如何面对社会悲剧、自然悲剧、无可逃避的厄运和死亡,“以尊严的方式承受苦难”有怎样的意义,我们应该以怎样的态度对待苦难等问题让学生讨论。通过讨论引导学生学习以尊严的方式承受苦难。这种方式本身就是人类的一项巨大成就,它所显示的不只是一种个人品质,还是整个人性高贵的尊严。

(3)谈论法的升华总结。对于文章的三部分都讨论结束前,教师要简要概括讨论情况,使学生获得正确的观点和系统的知识,纠正错误、片面或模糊的认识。母语素质的强大之处就在于它可以影响到一个人的价值观念,让学生形成一种面对苦难的正确态度。

(四)读书指导法

读书指导法是教师指导学生通过阅读教科书和参考书,培养学生自学能力的一种方法。教师通过读书指导法,教给学生读书的方法,组织学生交流心得,让他们学会自己按照方法来读懂文章,感受语言。

1.读书指导法的基本要求

(1)提出明确的目的、要求和思考题。

(2)交给学生读书的方法。

(3)加强评价和检测。

(4)适当组织学生交流读书心得。

2.读书指导法在教学中的应用

下面笔者将以姜山秀、李桂廷主编的《大学语文》中的《纪念傅雷》为例进行分析：

(1)设计思路。对于设计思路，应该清晰明确，避免含糊不清。对于施蛰存的《纪念傅雷》这篇课文，首先，教师要向学生提出学习目的。其次，学生通过读书指导法，阅读教科书和指导书，了解作者、课文写作背景、傅雷先生的成就、家庭情况及性格特点，以便更好地融入到对课文的理解中去。再次，采用默读、诵读的方法来理解课文内容。然后，教师组织学生交流心得，采用以组为单位的方法，教师作出点评及讲解。最后，教师对学生采用读书指导法进行自学学习的检测。

(2)教师向学生明确提出，通过对本文的学习，了解文章思想，体会文章语言特色，分析文章结构，概括本文所呈现的傅雷的人格特征。同时，学生课外阅读《傅雷家书》，分析讨论傅雷是一个怎样的父亲。

(3)对于这篇文章该如何去读才能让学生更好地理解课文内容，体会作者情感呢？俗话说："书读百遍，其义自见。"多读课文，自然对文义会有透彻的理解。因此，在语文课堂上，我们要尽可能地让学生多读书。读书的方法有多种：默读、听读、诵读、品读……选择不同的读书方法，就会有不一样的教学效果。到底选哪一种读书方法好呢？这要根据课文的特点来定。

裁缝需要量体裁衣，教师也要因材施教。《纪念傅雷》这篇散文，是以回忆的视角按时间顺序来营造全文，全篇通过三次先后写傅雷的"怒"来凸显傅雷人格特性，同时，该篇又是一篇缅怀亡友的文章，所以，文章的感情基调是有些沉重的。由此，初始可以选择默读。默读的时候，学生直接与文中人物对话，有时为主人公的成功而感到欣慰，有时为文中人物的不幸命运而心酸落泪，有时为文中的真情而感动不已。另外，默读对于把握文章的层次、寻找段落中心句、感悟文章主旨有一定的作用。默读之后，学生可以使用诵读的方法。诵读有两层含义，分别是朗读和背诵。诵读时不仅要声情并茂，而且要有真诚的态度。只有这样，学生在诵读时才能受到心灵的震动。[①]当然，在诵读作品之前，教师一定要引导学生仔细揣摩作品，反复体味渗透在字里行间的感情，与作者的心息息相通。有了这样的基础，诵读时就会字字含情、句句感人。通过朗读，傅雷先生的人格秉性、作者施蛰存的深切怀念之情便跃然纸上，在母语素质能力的培养中，学生的朗读能力也得到培养。

(4)教师组织学生交流读书心得。学生通过自学，获得对课文内容的理解，在教师的组织下，学生可以以组交流心得，组长归纳，教师听取各个组归纳的内容，作出点评。

(5)对于学生自身的感悟和对文章的理解，教师可给予评价及检测，在评价和检测中学生可以清楚自身对文章理解的优点和不足，并且教师可以了解学生学习成效、是否达到学习目标。选择检测的方式根据课文内容、文体、表达主题等多方面来选择。在《纪念傅雷》这篇课文中，教师可以使用简答题的形式来对学生进行考查。如通读课文，傅雷的人格特征是什么，傅雷是一个怎么样的父亲等等，学生可以通过书面的形式或者口头解答，锻炼自己的口语表达能力。

(五)练习法

1.练习法是学生在教师的指导下运用知识去完成一定的操作，并形成技能技巧的方法。练习的种类很多，按培养学生不同方面的能力分各种口头练习、书面练习、实际操作练习；按学生掌握技能技巧的进程分模仿性练习、独立性练习、创造性练习。

2.练习法的基本要求

(1)使学生明确练习的目的与要求，掌握练习的原理和方法。这样能防止练习中可能产生的盲目性，从而提高练习的自觉性。

---

① 殷慧:《改变读书方法　提高阅读效果——谈读书方法对阅读教学效果的影响》,《中学语文》2014年第9期。

(2)精选练习材料，适当分配分量、次数和时间，练习的方式要多样化，循序渐进，逐步提高。

(3)严格要求。无论是口头练习、书面练习还是操作练习都要严肃认真。要求学生一丝不苟、精益求精，达到最高的水平并具有创造性。

3.练习法在教学中的应用

笔者以姜山秀、李桂廷主编的《大学语文》中的《意绵绵静日玉生香》为例进行分析：

(1)设计思路。教师提出训练学生的写作技能技巧的学习目的。在母语素质能力中，阅读和写作能力贯穿其中，所以，学生通过对课文主题、结构、语言的理解，通过模仿和层层训练，来此提高自身的能力。同时，通过严格训练，培养认真的学习态度。

(2)教师明确学习目的与要求。《意绵绵静日玉生香》是《红楼梦》中第十九回的后半部分，课文讲述的是林黛玉和贾宝玉生活中的一件小事，富有生活气息，是一篇重阅读的文章。所以，教师可以采用分角色朗读的方式，感受文中宝、黛之间亲密无间纯洁的爱情，并且找出并分析文中富于生活气息的场景和带有方言特征的语言。

(3)根据课文的写作特点，学生练习写一篇生活小事，在主题、语言、结构、选择上逐步训练，提高写作技巧。主题是贯穿全文的一个思想主旨，因此主题应该更加明确，反映作者的写作意图。所以，在训练时，学生只有首先确定文章主旨及其表达思想，才能围绕此观点深入展开。《意绵绵静日玉生香》中，人物语言高度个性化而且意味深长，如宝玉对黛玉“酸疼事小，睡出来的病大”的一句劝告，既传递出前者对后者细致入微的关爱之情，又体现出宝玉温婉多情的性格特征。所以，学生在进行训练时，要注意细节语言的使用，通过语言体现出人物的个性特征。在结构上，文章采用前呼后应的方式，针线绵密。如黛玉戏问宝玉有无“暖香”一节，向前则呼应小说第八回中“探宝钗黛玉半含酸”的内容，向后又牵出宝钗偶然来访的情节，看似随意走笔，实际是匠心独运。

文章的结构方式很多,但是学生在安排文章时要注意以下要求:第一,必须为主题服务;第二,必须完整;第三,要适应不同文体的需要;第四,要富于变化。[①] 如此,学生在练习写作时才能清楚表达立意。

(4)对于学生的训练应该严格要求,这不仅仅是对学生在写作方面的技巧能力的训练,更是培养学生一丝不苟的学习态度精神。练习法在培养学生的技能技巧的同时,人文素养也得到提升。

(六)以情感陶冶为主的教学方法

1.以情感陶冶为主的教学方法是指教师根据一定的教学要求,有计划地使学生处于一种类似真实的活动情境之中,利用其中的教育因素综合地对学生施加影响的一种教学方法。这主要包括欣赏教学法和情境教学法。在这里,我们着重讲解情境教学法。

情境教学法是指在教学过程中,教师有目的地引入或者创设以形象为主体的具有一定情感色彩的生动具体的场景,以引起学生一定的情感体验,从而帮助学生理解教材,并使学生的心理机能得到发展的教学方法。教师创设的情境一般包括生活展现的情境、图画再现的情境、实物演示的情境、音乐渲染的情境、言语描述的情境等等。

2.情境教学法在教学中的应用

笔者以姜山秀、李桂廷主编的《大学语文》中的《我是怎样地爱你》为例进行分析:

(1)设计思路。教师明确教学目的,即学生通过本课的学习需要了解和掌握什么,通过情境教学法,用音乐渲染的方式体会诗歌的感情色彩,并且分析诗歌艺术特色,最后以布置课下作业结束,训练学生的写作技巧。

(2)教师明确学习目的与要求。《我是怎样地爱你》是勃朗宁夫人写的一篇散文诗。这首诗抒发了女诗人对爱人无处不在、无时不有、生死不渝的炽热坚贞的爱情,具有纯洁无瑕的光辉和理想主义色彩。通过思考和研讨,

---

① 吴滨:《文章结构安排浅说》,《广西广播电视大学学报》2009年第2期。

学生体味诗中所表现出来的纯洁坚贞的爱情，因为本诗表现的是女性对爱情的大胆而激情的表白，同学们试着在文学史上寻找其他相似的女性爱情诗歌。

(3)情境教学法的实施。勃朗宁夫人写的《我是怎样地爱你》，是一首爱情诗。勃朗宁夫妇的爱情与结合被誉为是19世纪中期英国诗坛的一段佳话，伊丽莎白·巴蕾特为因残疾而"蛰居"二十年后才姗姗而来的爱情感动不已。所以，在教学过程中，教师可以采用音乐渲染的方式来体验这种美好感情。音乐的选择上，要选择舒缓深情的轻音乐作为伴奏，教师深情朗读，在读中体会女诗人对爱情的坚贞："我爱你的程度是那样的高深和广远，恰似我的灵魂曾飞到九天与黄泉，去探索人生的奥妙和神灵的恩典。"多么美的语言，多么感人至深的情感，以音乐的带入，对学生的情感施加影响，从而让学生更好地理解教材，提高学生的审美能力，使学生的母语素质得到提升。

(4)教师和学生分析艺术特色。在学生深情地朗读完后，教师以学生为主体分析这首爱情诗的艺术特色。这首诗在艺术方面富于浪漫主义气息：以情运文，情至笔随，想象力丰富，境界开阔，语言清新，韵律优美，给人情感上的陶冶与审美上的享受。

(5)教师做总结，布置课下作业。课下作业的方式有很多，可以以简答题、填空题的形式出现，也可以试着写一首诗，训练学生的写作技巧。这里采用的是后者，以便提升学生技能技巧。

第五节　部分课程教学大纲

我们以德州学院为例，具体阐述如何撰写教学大纲。

一、《大学语文》课程教学大纲

(一)课程基本信息

大学语文，德州学院新闻与传播学院，李桂廷。

(二)课程简介

大学语文是面向全校开设的一门公共选修课,旨在提升大学生的母语素质。通过学习古今中外的名家名作,使学生了解语言文化的特点,语言的规范性、实用性、思想性,能够正确运用规范的现代汉语进行交流,学习继承中华民族的优秀文化传统,培养高尚的思想品质和良好的道德情操。

1.课程主要内容

课程内容由名作选读(上编)和应用文写作(下编)两部分构成。上编:名作阅读部分由八个单元构成,每一个单元由有着相对鲜明的同一个主题的选文构成。选文的安排打破以文学史为线索的编写惯例,是按中华人文精神的主题来编排的。这八个单元的主题分别是"叩问人生""心怀天下""乐山乐水""亲情友情""执子之手""人物风神""节令民俗""问学寻美"。下编:应用文写作部分,适应社会的要求、时代的发展,兼顾应用文写作训练。

2.教学目标

知识目标:了解中国传统文化的发展历史,掌握文学史的发展脉络,掌握基本的文学常识和应用文写作的基本方法。

能力目标:会应用所学知识鉴赏文学作品,会表达文学常识,会写简单的文体,能够判断常规文体、日常交流中的规范性。

素质目标:提升对中国优秀传统文化的热爱,提升学生的审美品位。

智慧目标:学习领悟中国传统文化中优秀思想,指导今后的人生规划,成为中国特色社会主义合格的建设者和可靠接班人。

(三)课程规范

1.学生作业要求

(1)举办"教材精短篇目诵读接龙赛"。在教师指导下,全体同学课下熟读成诵,课上诵读接力,寓教于乐,潜移默化。

(2)设置"教材主要篇目赏析会"。在教师指导下,全体同学课下琢磨,课堂展示,集体评赏,携手进步。

(3)建立"实用写作练习小组"。在教师指导下,小组成员根据教学进度，拟定相关文体训练成文，彼此纠错，一同提高实用写作水平。

(4)成立“经典拓展研读兴趣社”。在教师指导下，学生自读课外相关经典著作，精读深思明辨，进而形成读书札记，以促进思想之凝练，与二三朋友切磋以增加学问之长进。

(5)组织“课外习作社”。在教师指导下，学生在面对人情世态、自然风物及个我人生有所感发、有所思考，下笔成文，形成文体不一、长短不拘的习作，进而相互切磋。不求成为诗人、作家，但求借以养成诗心、文心。

2.阅读材料要求

(1)陈洪主编:《大学语文》，高等教育出版社2005年版。

(2)《古文鉴赏辞典》《唐诗鉴赏辞典》《魏晋南北朝诗鉴赏辞典》《宋词鉴赏辞典》《元曲鉴赏辞典》《新诗鉴赏辞典》，均为上海辞书出版社版。

3.学术诚信要求

坚决克服投机取巧、心浮气躁、急功近利等不良倾向，树立崇高的学术理想和社会责任意识，严守学术规范要求，严禁抄袭行为。

4.学生责任

认真学习课程教学大纲，按照课程要求做好课前学习，阅读相关书籍和材料，按时上课，积极参加小组讨论，勇于表达自己的观点，认真、独立完成作业，坚决杜绝抄袭行为，将课程所学知识运用在实践生活中。

(四)考试考核

考核方式，分为平时作业和期末考试两部分。总成绩为100分，前者与后者所占比重分别为30%和70%。

平时作业，为过程性评价，以督促学生日常学思之进步；期末考试，为小结式评价方式，集中考查学生学习的收获与不足。

(五)教学计划

1.概说(2学时)

(1)了解大语的课程性质和定位；

(2)了解大语课程设置的演变情况；

(3)理解学习大语课程的意义;

(4)理解学习大语课程的方法;

(5)了解所使用教材的概况和特色。

2.名作选读(共26学时)

第一单元:叩问人生。

《神话三则》(1学时):

(1)了解关于神话的若干常识;

(2)熟悉三则神话的主要内容;

(3)理解并掌握三则神话的深层意蕴与表现特色。

《论语》《孟子》(选录)(3学时):

(1)了解孔子和《论语》及《四书》的概况;

(2)理解并掌握《论语》五则的思想意蕴及文学特色;

(3)了解孟子和《孟子》的概况;

(4)理解并掌握《孟子·滕文公上》(节选)思想意蕴及文学特色。

《面对苦难》(1学时):

(1)了解作者周国平的概况;

(2)理解本文的写作思路;

(3)理解并掌握本文的写作主旨;

(4)启迪学生对于人生苦难的深入思考。

第二单元:心怀天下。

《黍离》(2学时):

(1)了解《诗经》的基本情况;

(2)掌握《黍离》的字面意思;

(3)理解《黍离》的核心主题和多重意蕴;

(4)理解《黍离》的写作特色。

《蒿里行》(2学时):

(1)了解曹操其人和东汉末年的时代背景;

(2)理解《蒿里行》人道情怀与审美风格；

(3)初步培养辩证认识历史人物的品质。

《现代诗二首》(2学时)：

(1)了解艾青生平和诗风；

(2)理解并掌握《我爱这土地》的创作背景、感情内涵和艺术特色；

(3)了解臧克家生平和诗风；

(4)理解并掌握《难民》的创作背景、思想内涵与艺术特色。

第三单元：乐山乐水。

《答谢中书书》(2学时)：

(1)了解作者的简况与南朝山水作品的产生背景；

(2)体味文中所体现的山水之美；

(3)理解本文的艺术特点。

《湖心亭看雪》(2学时)：

(1)了解小品文的源流与晚明小品文的主要风貌；

(2)了解张岱的生平和创作概况；

(3)理解并体会《湖心亭看雪》中的闲情雅致与故国情怀及高妙手笔。

第四单元：亲情友情。

《金缕曲二首(其一)》(2学时)：

(1)了解顾贞观及吴兆骞、纳兰性德的生平概况与惊世友情；

(2)理解《金缕曲》词的写作背景、典故含义与大意；

(3)理解《金缕曲》词的艺术特点。

第五单元：执子之手。

《意绵绵静日玉生香》(2学时)：

(1)了解曹雪芹和《红楼梦》的概况；

(2)感受文中宝、黛之间亲密纯洁的爱情；

(3)掌握本文的艺术特色。

《我是怎样地爱你》(1学时)：

(1)了解勃朗宁夫人的生平和本诗的创作背景；

(2)体味诗中所表现的纯洁坚贞的爱情；

(3)理解本诗的艺术特色。

第六单元：人物风神。

《纪念傅雷》(2学时)：

(1)了解作者施蛰存的生平及创作概况；

(2)领略傅雷德艺俱隆、刚直不阿的高洁品性；

(3)掌握文章以“怒”为骨、叙议结合的艺术特色。

第七单元：节令民俗(3学时)：

(1)了解清明(寒食)、端午、七夕、中秋、重阳等传统节日的内涵与民俗活动；

(2)品读与清明(寒食)、端午、七夕、中秋、重阳等传统节日有关的古典诗词。

第八单元：问学寻美。

《礼记·学记》(节选)(2学时)：

(1)了解《礼记》及“三礼”的概况；

(2)理解文章对于学习的深刻论断；

(3)理解文章的写作特色。

3.应用文写作(共9学时)

第一单元：应用文书写作概述。

《应用写作内涵辨析》(概述)(1学时)：

(1)理解应用写作与应用文书的概念；

(2)理解应用文书的特点；

(3)了解应用文书的分类；

(4)理解应用文书的功用。

第二单元：行政公文。

通知(2学时)：

(1)了解通知的概念、分类；

(2)掌握通知文体的构成要件和写作规范；

(3)熟练掌握通知的写作技能和过程。

函(2学时)：

(1)了解函的概念、分类；

(2)掌握函的文体构成要件和写作规范；

(3)熟练掌握函的写作技能和过程。

第三单元:专用文书。

谋职信(2学时)：

(1)了解谋职信的概念、分类；

(2)掌握谋职信文体构成要件和写作规范；

(3)熟练掌握谋职信的写作技能和过程。

申论(2学时)：

(1)了解申论的概念和特点；

(2)理解并掌握申论的应试技巧暨写作中应该注意的问题。

(六)学习资源

必读资料以外的补充阅读信息如参考书、文献、网络学习资源、网站等，推荐以下资料：

1. 徐中玉主编:《大学语文》,华东师范大学出版社2001年版。

2. 王步高主编:《大学语文》,南京大学出版社2003年版。

3. 袁行霈主编:《中国文学史》,高等教育出版社2014年版。

4. 钱理群等:《中国现代文学三十年》(修订本),北京大学出版社1998年版。

5. 陈思和主编:《中国当代文学史教程》,复旦大学出版社1999年版。

6. 朱东润主编:《中国历代文学作品选》,上海古籍出版社2000年版。

7. 吕思勉:《中国通史》,华东师范大学出版社1980年版。

8. 钱穆:《国史大纲》(修订本),商务印书馆1996年版。

9.柳诒徵:《中国文化史》,上海古籍出版社1991年版。

二、《普通话》课程教学大纲

(一)教学目的与要求

1.教学目的

语言是人类文化的载体,是人与人之间最重要的交际工具。人们只有运用共同的语言来交流思想,才能互相了解和组织生产。我国是一个历史悠久、人口众多、幅员辽阔的多民族国家,在约70种语言中,普通话作为我国的通用语言,是我们日常交流、沟通思想感情的工具。所谓普通话,即是一种以北京语音为标准音、以北方话为基础方言、以现代白话文为语法规范的现代汉族的共同语。说好一口字正腔圆的标准普通话不仅给人一种美感,更是人与人之间沟通的开始。近年来,随着《中华人民共和国国家通用语言文字法》的贯彻落实,越来越多的高等院校为在校生开设了普通话公共选修课,旨在提高大学生的语言规范化意识和人际交往能力,促进其综合素质全面提高。

2.教学要求

讲解普通话的基本知识与普通话水平测试相关内容,让学生能够掌握普通话声、韵、调的发音和语流音变的发音,运用朗读技巧提高普通话朗读水平,通过对口语表达技巧的学习提高表达能力。使学生通过针对性的学习,提高普通话的听说能力,为将来走向工作岗位打下良好的交际能力基础。同时普通话水平测试是常规性测试项目,如教师、公务员、导游等都要求有一定等级的普通话合格证书。本课程有针对性讲解与普通话水平测试相关字、词、朗读及训练,使学习者能够熟悉测试过程,提高应试能力。

(二)教学方法与手段

尽力把教师讲授与多媒体展示结合起来,把教师引导与学生发现结合起来,把品味感悟与表达训练结合起来,把课内教学与课外拓展结合起来。教学方式和方法要灵活多样,不拘一格;使教师好用、学生乐学,以成功完成教、学两方面的任务为旨归。

1.教学方法

教学有法，但无定法，教师根据自己的教学风格来选择。教学方式应灵活多样，可采取专题讲座式、讨论式、课外采风式，还可运用网络等多种教学手段。

(1)讲授法：讲授法是最基本的教学方法，对重要的理论知识的教学采用讲授的教学方法可直接、快速、精炼地让学生掌握，为学生在实践中能更游刃有余的应用打好坚实的理论基础。

(2)案例教学法：在教师的指导下，由学生对选定的具有代表性的典型作品，进行有针对性的分析、审理和讨论，作出自己的判断和评价。这种教学方法拓宽了学生的思维空间，增加了学生的学习兴趣，提高了学生的能力。案例教学法在课程中的应用，充分发挥了它的启发性、实践性，开发了学生思维能力，提高了学生的判断能力、决策能力和综合素质。

(3)情景教学法：情景教学法是将本课程的教学过程安置在一个模拟的、特定的情景场合之中。通过教师的组织、学生的演练，在仿真提炼、愉悦宽松的场景中达到教学目标，既锻炼了学生的临场应变、实景操作的能力，又活跃了教学气氛，提高了教学的感染力。这种教学方法在本课程的教学中经常应用，因现场教学模式要受到客观条件的一些制约，因此，提高学生实践能力的最好办法就是采用此种情景教学法。学生们通过亲自参与环境的创设，开阔了视野，自觉增强了科学意识，提高了动手能力，取得了很好的教学效果。此外，在本门课程的教学中，这种教学方式的运用既满足了学生提高实践能力培养的需求，也体现了其方便、有效、经济的特点，能充分满足教学的需求。

(4)讨论法：在本课程的课堂教学中多处采用讨论法，学生通过讨论，进行合作学习，让学生在小组或团队中展开学习，让所有的人都能参与到明确的集体任务中，强调集体性任务，强调教师放权给学生。合作学习的关键在于小组成员之间相互依赖、相互沟通、相互合作、共同负责，从而达到共同的目标。通过开展课堂讨论，培养学生思维表达能力，让学生多多参与，亲自动手，亲自操作，从而激发学生学习兴趣，促进学生主动学习。

2. 教学手段

本课程的教学是传统教学手段与现代化教学手段相结合。传统教学手段主要指一部教科书、一支粉笔、一块黑板等。现代化教学手段是指各种电化教育器材和教材，即把幻灯机、投影仪、录音机、录像机、电视机、电影机、VCD机、DVD机、计算机等等搬入课堂，作为直观教具应用于各学科教学领域。因利用其声、光、电等现代化科学技术辅助教学，又称为“电化教学”。

合理的教学方法与教学手段相结合，可达到本课程的开设目的：讲解普通话的基本知识和普通话水平测试相关内容，让学生能够掌握普通话声、韵、调的发音和语流音变的发音；运用朗读技巧提高普通话朗读水平；通过对口语表达技巧的学习提高表达能力。使学生通过针对性的学习，提高普通话的听说能力，为将来走向工作岗位打下良好的交际能力基础。

同时普通话水平测试是常规性测试项目，如教师、公务员、导游等都要求有一定等级的普通话合格证书。本课程有针对性讲解与普通话水平测试相关字、词、朗读及训练，使学习者能够熟悉测试过程，提高应试能力。教学手段以口头讲授为主导，以板书关键词、多媒体演示相关文字提纲、图片、音频、视频资料为辅助。须知，手段终究不是教学之核心，核心乃是施教者的职业情感与其对教学内容的掌握。

（三）教材与教学参考书

本课程目前还没有统一教材，上课主要以教师的授课内容为依据，教师的授课内容可依据多种普通话教材总结而来。主要参考资料有：

1. 北京大学中文系现代汉语教研室编：《现代汉语》，商务印书馆 2004 年版。

2. 邢福义、汪国胜主编：《现代汉语》，高等教育出版社 2010 年版。

3. 邢公畹主编：《现代汉语教程》，南开大学出版社 1994 年版。

4. 马显彬、赵越主编：《普通话基础教程》，暨南大学出版社 2011 年版。

5. 陈兴焱主编:《普通话口语教程》,清华大学出版社 2010 年版。

6. 崔梅、周芸主编:《普通话等级考试训练教程》,北京师范大学出版社 2013 年版。

(四)实践教学

实践教学环节是为配合理论教学,培养学生分析问题和解决问题能力,加强专业训练和锻炼学生实践能力而设置的教学环节。实践性教学环节有两种:一是课程的实践性教学,即课程作业、实验、实习(设计);二是集中实践性教学,即社会调查、各类实习(见习)以及毕业作业(论文或设计)等。

1. 实践教学环节在本课程中的作用

这是为配合普通话理论教学,培养学生普通话听说能力和社会交流能力,加强专业训练和锻炼学生实践能力而设置的教学环节。

2. 实践教学环节要求及安排

要求学生每周上课前半小时说话练习(每人准备两分钟左右的说话内容,老师现场讲评),每个月进行一次课堂说话讲评;要求学生一个学期交两个录音作业,基本按照国家普通话考试的一般要求来要求作业,字数不少于 300 字。

(五)课外训练及自学指导

实践教学环节中的说话环节和录音都要求学生课下完成,属于课外训练范畴,要求老师必须及时地给予学生课外指导。另外,由于课堂时间有限,部分理论教学布置学生课外自学,老师及时指导。

(六)考试考核

考核形式:本课程的期末考核成绩由平时作业成绩加最后的笔试成绩组成。

学业成绩的构成:平时作业成绩占期末成绩的 40%(日常的说话 20%,两次录音作业 20%);最后的笔试成绩占期末成绩的 60%。

(七)总学时

一般安排 32 学时。

第六节 德州学院普通话教学大纲实例

一、概述

［教学目的与要求］ 了解各地属于什么方言区；掌握普通话的定义；能够运用普通话与方言的基本知识划分方言区。

［重点与难点］ 普通话的定义；运用普通话与方言的基本知识划分方言区。

［教学时数］ 2

［教学方法与手段］ 传统教学手段与现代化教学手段相结合，讲授为主，以案例教学法、情景教学法、讨论法为辅。

［主要内容］

1. 普通话的含义

(1)语音方面：以北京语音为标准音。

(2)词汇方面：以北方方言为基础方言。

(3)语法标准：典范现代白话文著作。

(4)普通话水平测试的性质、内容和等级标准

2. 何为方言

归属同一种语言，却由于语音、词汇、语法等方面的差异而在不同地区形成的地域分支，就叫作“方言”。

(1)北方方言：使用人数约占汉族总人口的73%，以北京话为代表，是汉民族共同语的基础方言。

(2)吴方言。

(3)湘方言。

(4)赣方言。

(5)客家方言。

(6)闽方言。

(7)粤方言。

[实验实践教学环节]　课前半小时说话练习。

[阅读书目]　阅读以下书目中关于普通话和方言的介绍内容。

1. 北京大学中文系现代汉语教研室编:《现代汉语》,商务印书馆 2004 年版。

2. 邢福义、汪国胜主编:《现代汉语》,高等教育出版社 2010 年版。

3. 邢公畹主编:《现代汉语教程》,南开大学出版社 1994 年版。

4. 马显彬、赵越主编:《普通话基础教程》,暨南大学出版社 2011 年版。

5. 陈兴焱主编:《普通话口语教程》,清华大学出版社 2010 年版。

6. 崔梅、周芸主编:《普通话等级考试训练教程》,北京师范大学出版社 2013 年版。

[课堂训练、作业思考题]

1. 什么是普通话?

2. 什么是方言? 方言分几类?

二、普通话声母

[教学目的与要求]　了解什么是声母和辅音;掌握普通话声母的发音要领;了解声母发音问题有哪些,掌握解决声母发音问题的方法。

[重点与难点]　普通话声母的发音要领;掌握解决声母发音问题的方法。

[教学时数]　8

[教学方法与手段]　传统教学手段与现代化教学手段相结合,讲授为主,以案例教学法、情景教学法、讨论法为辅。

[主要内容]

1. 声母的概念

一个音节开头的那个音就是声母。

2. 辅音的概念

(1)辅音：气流受到阻碍而发出的音为辅音。

(2)辅音的发音特点：气流在口腔中受到明显阻碍。呼出较强的气流，造成辅音的音响。大部分辅音发音时声带不颤动，普通话声母中清辅音居多。发音器官受阻碍的局部肌肉紧张，不受阻碍的肌肉不紧张。总的来说，辅音的特点是时值短、音势弱，因此很容易受到干扰。

3. 普通话声母的发音要领

咬得准、发得清。诀窍：一要力求部位准确；二要力求弹发有力、干脆拖泥带水，唇舌灵活，力量集中。

[双唇音训练提示] b p m

[唇齿音训练提示] f

[舌尖中音训练提示] d t n l

[舌根音训练提示] g k h

[舌面音训练提示] j q x

[舌尖后音训练提示] zh ch sh r

[舌尖前音训练提示] z c s

[零声母的发音要领]

4. 常见的声母发音问题与解决方案

问题一："肚子饱了？"还是"兔子跑了？"——送气音和不送气音的分辨。

[解决方案]

(1)理论梳理：其实送气、不送气是相对而言的。没有不用气就可以发出的音素。

(2)特别提示：练习发送气音时要注意控制分寸，如果气流太强会有噪音，使话筒发出"扑扑"的杂音，影响传播效果。

(3)对比训练法：通过大量包含送气音与不送气音的字词、绕口令和句段练习，体会两组发音的异同之处，尽快掌握并建立起正确的发音习惯。

问题二："太浓"不是"太聋"——鼻音 n 和边音 l 的分辨。

[解决方案]

(1)理论梳理:n 和 l 的发音部位相同,不同的只是发音方法。n 是鼻音,发音时气流从鼻腔流出。l 是边音,发音时气流从舌的两边流出。

(2)特别提示:有的人不是不会发 n l,而是受方言影响不知道哪些音节该发 n,哪些音节该发 l。这个问题可是没有捷径可走,完全需要你根据音节表去逐个牢记。

(3)对比训练法:根据自己方言 n l 不分的问题,通过强化不同的发音方法来加以辨正。

问题三:"会话"不要说"废话"——唇齿音 f 和舌根音 h 的分辨。

[解决方案]

(1)理论梳理:首先要明白 f 和 h 的发音方法是一样的,都是清擦音。两者的区别是在成阻部位上。唇齿音 f 是上齿和下唇形成阻碍,而舌根音 h 的成阻部位在舌根和硬腭与软腭交界处。

(2)特别提示:了解了唇齿音 f 和舌根音 h 不同的发音部位,那就加强对构成阻碍的发音部位的训练,这是分辨两个声母的前提。

问题四:"四是四,十是十"——平舌音与翘舌音的分辨。

区别"平""翘"字的方法:(1)利用声旁类推法;(2)利用声母韵母拼合关系分辨;(3)采用记少不记多的方法记忆。

5. 声母发音综合练习

[实验实践教学环节] 课前半小时说话练习;学生交一份录音作业,字数不少于 300 字。

[阅读书目] 阅读以下书目中关于普通话声母的内容。

1. 北京大学中文系现代汉语教研室编:《现代汉语》,商务印书馆 2004 年版。

2. 邢福义、汪国胜主编:《现代汉语》,高等教育出版社 2010 年版。

3. 邢公畹主编:《现代汉语教程》,南开大学出版社 1994 年版。

4. 马显彬、赵越主编:《普通话基础教程》,暨南大学出版社 2011 年版。

5. 陈兴焱主编:《普通话口语教程》,清华大学出版社 2010 年版。

6. 崔梅、周芸主编:《普通话等级考试训练教程》,北京师范大学出版社 2013 年版。

[课堂训练、作业思考题]

(1)什么是声母？什么是辅音？

(2)普通话声母的发音要领是怎样的？

(3)常见的声母发音问题有哪些？怎样来解决？

三、普通话韵母

[教学目的与要求] 了解什么是韵母和元音;掌握普通话韵母的发音要领;了解韵母发音问题有哪些,掌握解决韵母发音问题的方法。

[重点与难点] 了解普通话韵母的发音要领;掌握解决韵母发音问题的方法。

[教学时数] 8

[教学方法与手段] 传统教学手段与现代化教学手段相结合,讲授为主,以案例教学法、情景教学法、讨论法为辅。

[主要内容]

1. 什么是韵母

(1)汉语音节中声母以后的部分叫韵母。

(2)韵母组成:普通话中有 39 个韵母,由元音或元音+辅音组成。

单元音充当,如 ba(八)、na(拿);

复合元音充当,如 hao(好)、liao(了);

元音加上鼻辅音 n 或 ng 构成,如 dan(担)dang(当)。

2. 元音的发音特点

(1)圆润、响亮、通畅,乐音成分多(普通话语音中没有无元音的音节)。

(2)发元音时,气流在口腔中不受阻碍,畅通无阻。

(3)发音器官均衡紧张,不像辅音只有阻碍气流的那部分肌肉紧张。

(4)声带颤动,不用较强的气流就能产生乐音,声音响亮。

3.韵母的分类

根据内部结构特点的分类:

(1)单元音韵母(简称“单韵母”)

单韵母——是指由一个元音构成的韵母。

根据发音时舌头的部位及状态,可分三类:

舌面元音韵母:a　o　e　ê　i　u　ü

舌尖元音韵母:－i[ɿ]　－i[ʅ]

卷舌元音韵母:er

(2)复元音韵母(简称“复韵母”)

这是指由两个或三个元音复合而成的韵母:

前响复韵母:ai　ei　ao　ou

后响复韵母:ia　ie　ua　uo　üe

中响复韵母:iao　iou　uai　uei

(3)带鼻音韵母(简称“鼻韵母”)

这是指由一个或两个元音加上鼻辅音韵尾－n或－ng复合而成的韵母。可分为两类:

前鼻韵母:an　en　in　ün　ian　üan　uan　uen

后鼻韵母:ang　eng　ing　ong　iang　uang　ueng　iong

4.单韵母

(1)单韵母发音特点

第一,发音时舌位、唇形和开口度按发音要求维持发音状态,始终不变,没有发音动程。

第二,单韵母的不同音色是由舌位高低(即开口度的大小)、舌位前后和唇形圆展等因素造成的。由此我们得知,想发好单韵母,必须兼顾唇形和舌位。

a[A]　央、低、不圆唇元音;

o[o]　后、中、圆唇元音；

e[ɣ]　后、半高、不圆唇元音；

ê[ɛ]　前、半低、不圆唇元音；

i[i]　前、高、不圆唇元音；

u[u]　后、高、圆唇元音；

ü[y]　前、高、圆唇元音；

-i(前)-i(后)　舌尖不圆唇元音；

er　卷舌央、中、不圆唇元音。

(2)常见的单韵母发音问题与解决方案

问题一:将 o 读成 e 或 uo。

元音 o 和 e 都是后半高元音,舌位都在口腔后面。根本区别在于 o 是圆唇,e 是不圆唇。

唇形对比法:对镜练习时,发“坡”和“鹅”的延长音,唇形保持不变,在此状态下即可获得正确发音。

对比训练法:遵循从字—词—绕口令—古诗词—句段的练习顺序,找准正确的发音,然后争取在短时间内通过大量的对比练习建立起正确的发音习惯。

问题二:i 和 ü 不分。

i 和 ü 都是前高元音,舌位相同、不同之处在于唇形。i 是展唇音,发音时嘴角稍向左右咧开,唇形是扁平的,可以见到牙齿后槽牙(牙关)。发 ü 时,双唇收拢接近圆形,见不到牙齿。

唇形对比法:对镜练习时,发“一”和“吁”的延长音,唇形保持不变,在此状态下即可获得正确发音。

对比训练法:通过大量包含 i 和 ü 的字词、绕口令和句段练习,体会两个元音发音的异同之处,尽快掌握并建立起正确的发音习惯。

5.复韵母

(1)复韵母的发音要领

与单韵母相比，复韵母的发音显得相对复杂一些。不过，清晰、饱满和圆润的吐字要求同样适用于复韵母。

①发音时舌位滑动，声音连续变化，有动程。

②发音时元音相互影响，发音部位有轻微变化。

③复韵母的发音不是简单的两个或三个元音的相加，而是舌位、唇形由一个元音滑动、变化到另一个元音。请记住，是"圆润地滑动"，没有哪一个元音单独、明确地表现出来。

④无论是二合还是三合复韵母，总有一段元音成分在发音过程中口腔开度最大、声音最响亮，而且发音持续时间相对较长。

(2)常见的复韵母发音问题与解决方案

问题一：复韵母宽窄对比不准确。

[解决方案]　多做复韵母宽窄对比练习，明确其动程比对，就可以获得正确语音。

问题二：复韵母动程不完整。

[解决方案]　尽量打开口腔，将"声母—韵头—韵腹—韵尾"完整地展现出来

6.鼻韵母

(1)鼻韵母发音要领

鼻韵母的发音特点：

第一，发鼻韵母时，鼻辅音韵尾与它前面的元音音素结合非常紧密，元音音素和鼻尾音之间不是简单的相加关系，舌位移动的过程很明显；

第二，发鼻韵母时，在由元音舌位向鼻辅音韵尾移动时，元音音素发音的后半段受鼻辅音影响，会出现较短的半导化(半鼻音)。我们不能丢掉鼻尾音，更不能把鼻层音直接发成鼻化元音。

(2)常见鼻韵母发音问题与解决方案

问题：前后鼻音不分。

[解决办法]

由于这两个韵母的韵尾音值比较接近,仅凭听觉很难区分开来。分清这两类鼻韵母的前提是先区分韵尾的发音部位,它们的不同之处是:发前鼻音 n 时,舌尖抵住上齿龈;发后鼻音时,舌后部隆起,舌根尽力后缩,顶住软腭。发 n 时口形较闭,发 ng 时口形较开。

对镜练习法:对镜找准鼻韵尾不同的成阻部位,发前鼻音 n 时,舌尖抵住上齿龈成阻,镜中可看见舌头底部(舌身随舌尖前伸);发后鼻韵尾 ng 时,舌根上抵软硬腭交界处成阻,镜中可见舌面(舌身随舌根后缩)。

后字引衬正音法:n 在前鼻音韵母字的后面,加一个用舌尖中阻 dtnl 作声母的音节,两字连读。因发音部位相同(舌尖中音),后字可引衬前字的前鼻韵母归音准确。如:温暖、心得。

ng 在后鼻韵母字的后面加一个用 g k 作声母的音节,两字连读。因发音部位相同(舌根音),后字可引衬前字的前鼻韵母归音准确。如:唱歌、疯狂。

手势辅助练习法:练习时用手势引导,前鼻音韵尾舌尖上抬,后鼻韵尾舌根上抬。

[实验实践教学环节] 课前半小时说话练习。

[阅读书目] 阅读以下书目中关于普通话韵母的内容。

1. 北京大学中文系现代汉语教研室编:《现代汉语》,商务印书馆 2004 年版。

2. 邢福义、汪国胜主编:《现代汉语》,高等教育出版社 2010 年版。

3. 邢公畹主编:《现代汉语教程》,南开大学出版社 1994 年版。

4. 马显彬、赵越主编:《普通话基础教程》,暨南大学出版社 2011 年版。

5. 陈兴焱主编:《普通话口语教程》,清华大学出版社 2010 年版。

6. 崔梅、周芸主编:《普通话等级考试训练教程》,北京师范大学出版社 2013 年版。

[课堂训练、作业思考题]

(1)什么是韵母?

(2)元音发音有什么特点?

(3)韵母是怎样分类的?它们的发音要领是什么?

四、普通话声调及变调

[教学目的与要求]　了解什么是声调和语流音变;掌握普通话声调的发音要领和普通话中的变调规律;了解声调的性质和调值如何标注,能够运用理论知识正确解决声调发音问题和变调规律问题的方法。

[重点与难点]　掌握普通话声调的发音要领和普通话中的变调规律;掌握解决声调和语流音变发音问题的方法。

[教学时数]　8

[教学方法与手段]　传统教学手段与现代化教学手段相结合,讲授为主,以案例教学法、情景教学法、讨论法为辅。

[主要内容]

(一)声调的概念和作用

1.声调的概念

声调是汉语音节所固有的,可以区别意义的声音的高低升降、曲直长短的变化形式。声调和声母、韵母一样,在汉语中具有辨义的功能。汉语一个音节就是一个汉字,所以声调又叫字调。声调贯穿音节始终,主要作用在韵腹上。

2.声调的作用

(1)声调能纯正字音,区别词义。

(2)声调能表现出汉语的特点,表现出抑扬顿挫的音乐美。

(3)声调还可以帮助我们调节气息,根据声调高扬转降的不同音势,掌握用气的方法,使得气息灵活自如。

3.声调的性质

声调的变化取决于音高,音高的变化是由于发音时声带的松紧变化。

我们知道，人的喉中有两片平行的声带，声带就像两根皮筋，皮筋越长越厚，振动就慢，声调就低沉，如老人、男人的声带；皮筋越短越薄，振动就快，声调就高扬，如女人、小孩的声带。

4. 调类和调值

(1)调类就是声调的类别，它是按声调的实际读法归纳的。

调类的名称只代表某种汉语方言声调的种类，而不表示实际的调值。普通话声调有四个调类“阴平、阳平、上声、去声”，也就是我们常说的四声。

(2)调值指的是声调高低、升降、曲直的变化，即声调的实际读法。例如调类都是阴平，不同的地区念法都不一样。

(3)普通话声调和方言声调的差异表现在：一是声调种类的多少不同。就全国来说，声调差异很大。方言小声调少的只有三类，如河北滦县话；多的有十类，如广西的玉林话。二是声调的调值不同。

(4)标记调值的方法：我们通常采用五度标记法记录一个音节声调的调值。这种标记法比较清楚直观，使声音形象化，便于学习和掌握。

(二)普通话的特点与发音

1. 普通话声调的特点

(1)四个声调的调形有明显的区别，一平、二升、三曲、四降。

(2)高音成分多，阴、阳、去声都有最高度 5，上声末尾也到 4，所以普通话语音高扬清亮。

(3)四个声调的长度有一定的比例，上声最长，阳平次长，去声最短，阴平次短，在词语中形成和谐的节奏。

2. 普通话声调的发音要领

(1)阴平

高平调(55)。音高最高，声音基本高而乎，由 5 度到 5 度，大体没有升降变化。

如果是两个阴平声连在一起，念时稍把前一个降一点，后边的不变，保持 5 度。

(2)阳平

高升调(35)。声音从中高音起音升到高音,由3到5度滑动直线上移。

阳平发音起调略高,气息较弱,发音后逐渐上移,压力逐渐增强,达到阴平一样的高度。

如果两个阳平声相连要注意前边一个不能弯曲。

(3)上声

降升调(214)。发音时由半低起先降后升,开始是2度,向下滑动到1度,接着从1度折转滑向4度。念时注意首先要下到底,然后折转直升到4度。注意气息降时要稳定,升时要加强,如果没有气息的支持,整个音节会暗哑。

上声调的降升是平滑的弯曲变化,尤其是由1度升到4度,不要有折起的硬拐弯感觉。

如果两个上声相接,按上声变调处理。

(4)去声

全降调(51)。起音字的音高与阴平一样,发音后直落最低1度,注意控制气息,不要到最后气竭而噎哑。

如果两个去声相连,前边一个去声可以降不到1度,但后边一个必须到1度。

3.普通话声调的发音训练

(1)同声韵四声音节练习;

(2)两字声调练习;

(3)四字词声调练习。

(三)常见的声调发音问题与解决方案

1.调类错误

南方方言声调数目较多,许多方言有六七个声调,并且大多数有入声调。

需要说明的是,即便方言区和普通话的声调调值相同,也不一定属于同一个调类。因此,我们只有先分清哪些字该归什么调类,声调发音才能准确到位。

2.调值不到位

问题一:阴平过低。

普通话的阴平调值为55,始终既高而平。

而山东人学习普通话时,音高发得往往只有44或不到44。

这种现象具有隐蔽性,因听来是平的,只是非高而平。

但在语流中,与其他调类调值配合起来,就会显得不协调。

[解决方案]

阴平有为其他三个声调定高低的作用.如果阴平调值掌握不好,会影响其他声调的发音。

特别提示:练习阴平,可先用单韵母读出高、中、低三种平调,体会发高音时声带拉紧、发低音时声带放松的不同感觉。这种控制声带松紧的训练,为掌握升、降、曲三种声调打下基础。练习时也可利用阳平的高音带发阴平。

问题二:阳平拐弯或升不上去。

[解决方案]

阳平调值是35,首先要把握其上升的特点。另外阳平的起点要适中,不能过高或过低;终点则与普通话阴平的起点相同。发好阳平的关键在于起调要保持较高,直接上升,而不要曲线上升。

特别提示:多读去声和阳平相连的词语,有助于练好阳平。

问题三:上声喑哑。

[解决方案]

上声调值是214,发音时声带由松到紧。上声的降升变化是平滑的弯曲变化,尤其是由1度升到4度的过程,不要有折起的硬拐弯感觉。在语流里上声“多以变调形式出现”,但基本调值是变化的基础,所以首先应读准上声的本调,掌握了基本调值才能掌握它的变化。

特别提示:采用拖长低音区发音的方法,多读去声和上声相连的词语,有助于练好上声。

3. 普通话的语流音变

我们说话时，需要在一定的时间内把一连串的音节组合起来连续说出来，以表达一定的意义与情感。当我们将每个音节连续起来说时，为适应发音器官的运动，相邻的音节就会因相互影响而发生变化。这种变化我们称之为“语流音变”。

为什么普通话会产生音变现象呢？主要原因是：

(1)因为人的发音器官不是机器，它是相当灵活的。人们说话时，发音器官处于高速运动之中，各发音器官的部位和采取的发音方法，不可能也不必像发单音节那样固定和僵硬，总会或多或少地偏离标准状态，因而产生音变。

(2)由于语言环境和个人的发音习惯不同，也会形成音变。

(3)个人的语言表达习惯也是音变产生的另一个原因。

4. 普通话词语的轻重格式

普通话的轻重格式可以看作是对“轻声”部分的补充与完善。对轻重格式的掌握，可以帮我们进一步将语流中的词语说得清楚自然、熟练轻巧。当然，普通话词语的轻重格式只是一种约定俗成，不是绝对的，也不是恒定不变的，它常常受到语句目的和语境的制约，所以原来的轻重格式往往会被打破，发生变化，这是正常的、必然的。

(1)词语轻重格式的含义。

(2)双音节词语的轻重格式与发音练习。

(3)三音节词语的轻重格式与发音练习。

(4)四音节词语的轻重格式与发音练习。

(5)多音节词语的轻重格式与发音练习。

5. 儿化的音变规律

(1)儿化的概念。

(2)儿化的作用。

(3)儿化的音变规律。

(4)儿化音变综合练习。

[实验实践教学环节] 课前半小时说话练习;学生交一份录音作业,字数不少于300字。

[阅读书目] 阅读以下书目中关于普通话声调的内容。

[参考文献]

1.北京大学中文系现代汉语教研室编:《现代汉语》,商务印书馆2004年版。

2.邢福义、汪国胜主编:《现代汉语》,高等教育出版社2010年版。

3.邢公畹主编:《现代汉语教程》,南开大学出版社1994年版。

4.马显彬、赵越主编:《普通话基础教程》,暨南大学出版社2011年版。

5.陈兴焱主编:《普通话口语教程》,清华大学出版社2010年版。

6.崔梅、周芸主编:《普通话等级考试训练教程》,北京师范大学出版社2013年版。

[课堂训练、作业思考题]

(1)什么是声调?声调的性质是什么?调值如何标注?

(2)普通话的声调有什么特点?

(3)普通话声调发音要领是什么?

(4)常见的声调发音问题如何来解决?

(5)什么是语流音变?

(6)普通话中存在哪些变调规律?

(7)什么是词的轻重格式?

(8)儿化具有什么音变规律?

五、普通话水平测试

[教学目的与要求] 了解普通话水平测试和普通话水平测试的试卷是如何设计的;掌握普通话水平测试相关技巧;能够运用技巧解决实际问题。

[重点与难点] 普通话水平测试相关技巧。

[教学时数] 6

[教学方法与手段] 传统教学手段与现代化教学手段相结合,讲授为主,以案例教学法、情景教学法、讨论法为辅。

[主要内容]

(一)普通话水平测试简介

普通话水平测试居于标准参照性考试,通过测查应试者的普通话规范程度、熟练程度,认定其普通话等级。普通话测试全部采用口试,是对一个人普通话水平,特别是语音规范,即语音标准程度的主观性测试。

1.测试的内容和范围

普通话水平测试的内容包括普通话语音、词汇和语法。

测试的范围是国家测试机构编制的普通话水平测试用普通话词语表、普通话水平测试用普通话与方言词语对照表、普通话水平测试用普通话与方言常见语法差异对照表中的内容,普通话水平测试用朗读作品,普通话水平测试用话题。

其中,普通话水平测试用普通话词语表分为"表一""表二""普通话水平测试用必读轻声词语表""普通话水平测试用儿化词语表"四个部分,普通话水平测试用朗读作品有60篇短文,普通话水平测试用话题提供30个话题。

2.测试试卷的设计(略)

3.测试评价体系(略)

(二)考试技巧准备

1.命题说话的备考技巧

(1)巧合并;

(2)多叙述;

(3)尚口语;

(4)讲规范;

(5)求顺畅。

2.考场小技巧

(1)巧妙安排考前10分钟准备时间。

(2)灵活应对命题说话项的准备不足。

(3)心理准备。

[实验实践教学环节] 课前半小时说话练习。

[阅读书目] 阅读以下书目中关于普通话朗读说话的内容和历届国家普通话测试试题。

1.北京大学中文系现代汉语教研室编:《现代汉语》,商务印书馆2004年版。

2.邢福义、汪国胜主编:《现代汉语》,高等教育出版社2010年版。

3.邢公畹主编:《现代汉语教程》,南开大学出版社1994年版。

4.马显彬、赵越主编:《普通话基础教程》,暨南大学出版社2011年版。

5.陈兴焱主编:《普通话口语教程》,清华大学出版社2010年版。

6.崔梅、周芸主编:《普通话等级考试训练教程》,北京师范大学出版社2013年版。

[课堂训练、作业思考题]

(1)什么是普通话水平测试?

(2)普通话水平测试的试卷是如何设计的?

(3)普通话水平测试有技巧吗?

第四章　普通话测试与普通话诊所的规范与研究

第一节　普通话的定义及等级的划分

普通话是以北方话（官话）为基础方言，以典范的现代白话文著作为语法规范的现代标准汉语。普通话作为联合国工作语言之一，已成为中外文化交流的重要桥梁和外国人学习中文的首选语言。截至 2015 年，中国 70%人口具备普通话应用能力，尚有约 4 亿人只局限于听懂的单向交流。《国家通用语言文字普及攻坚工程实施方案》计划“到 2020 年，在全国范围内基本普及国家通用语言文字”，具体为全国普通话普及率平均达到 80%以上。普通话是规范化的，是中国法定的全国通用语言。《中华人民共和国宪法》第 19 条规定：“国家推广使用普通话。”《中华人民共和国国家通用语言文字法》确立了普通话和规范汉字的“国家通用语言文字”的法定地位。

根据国家语言文字工作部门发布的《普通话水平测试等级标准》，普通话水平划分为三个级别，每个级别内又划分两个等次。

97 分及其以上，为一级甲等；

92 分及其以上但不足 97 分，为一级乙等；

87 分及其以上但不足 92 分，为二级甲等；

80 分及其以上但不足 87 分，为二级乙等；

70 分及其以上但不足 80 分，为三级甲等；

60 分及其以上但不足 70 分，为三级乙等。

第二节　大学生普通话能力的重要性

2018年1月，教育部、国务院扶贫办、国家语委关于印发《推普脱贫攻坚行动计划（2018－2020年）》的通知，明确了“扶贫先扶智，扶智先通语”的工作任务，明确了“到2020年，贫困家庭新增劳动力人口应全部具有国家通用语言文字沟通交流和应用能力，现有贫困地区青壮年劳动力具备基本的普通话交流能力，当地普通话普及率明显提升，初步具备普通话交流的语言环境，为提升‘造血’能力打好语言基础”的工作目标，同时要求学校将国家通用语言文字方针政策、法律法规和基本规范标准纳入各级各类校长综合培训和教师业务培训，强化校长、教师和学生自觉规范使用国家通用语言文字和自觉传承弘扬中华优秀语言文化的意识。积极发挥学校对社会和家庭的辐射带动作用，鼓励学生帮助家长学习提高普通话水平。制定政策，提供条件，鼓励教师、播音员主持人、寒暑假返乡大学生等积极参与“人人通”推普扶贫培训工作。

我国高等教育的普及率达到45.7%，今天的大学生明天就是社会的主体。《2017年全国教育事业发展统计公报》显示，全国各类高等教育在学总规模达到3779万人，高等教育毛入学率达到45.7%。全国共有普通高等学校2631所（含独立学院265所），比上年增加35所，增长1.35%。其中，本科院校有1243所，比上年增加6所；高职（专科）院校有1388所，比上年增加29所。全国共有成人高等学校282所，比上年减少2所；研究生培养机构有815个。其中，普通高校有578个，科研机构有237个。普通高等学校校规模均为10430人。其中，本科学校有14639人，高职（专科）学校有6662人。具体见图3-1。[①]

① 教育部：《2017年全国教育事业发展统计公报》，2018年7月19日，http://www.moe.gov.cn/jyb_sjzl/sjzl_fztjgb/201807/t20180719_343508.html，访问日期：2018年8月16日。

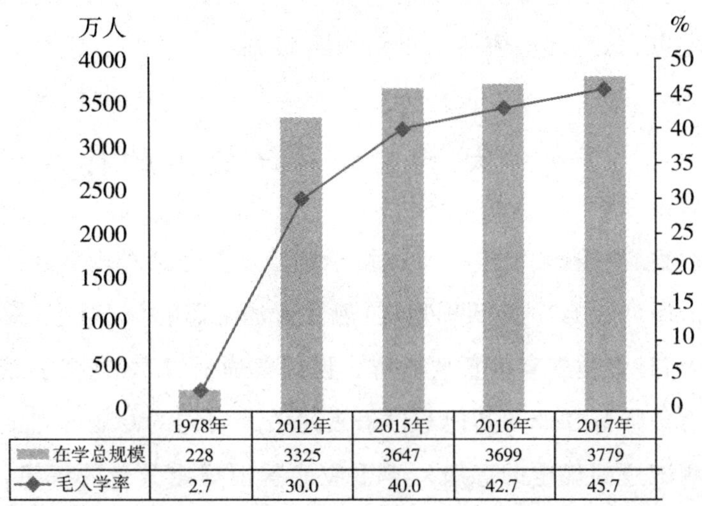

	1978年	2012年	2015年	2016年	2017年
在学总规模	228	3325	3647	3699	3779
毛入学率	2.7	30.0	40.0	42.7	45.7

图 3-1　1978 年、2012 年、2015～2017 年高等教育在学规模和毛入学率

（摘自教育部：《2017 年全国教育事业发展统计公报》，2018 年 7 月 19 日，http://www.moe.gov.cn/jyb_sjzl/sjzl_fztjgb/201807/t20180719_343508.html.）

大学生在大学里面掌握的普通话水平以及继续学习的能力，是未来社会普通话水平高低的关键，在高等教育普及化的新时代，高校一定要抓好大学生的普通话能力培养，提升他们普通话水平和继续学习普通话的能力。

第三节　大学生普通话水平的调查现状

叶舒阳采用抽样调查的方法，以问卷调查和个别访谈相结合的方式，从“普通话的使用场合”“普通话的使用频率”“普通话使用中存在的问题”等多个维度入手，对安徽农业大学人文社会科学学院、经济管理学院、外国语学院、林学与园林学院、经济技术学院、轻纺工程与艺术学院、资源与环境学院、植物保护学院、动物科技学院、园艺学院、工学院、农学院、茶与食品科技学院等 13 个学院的 60 名来自全国不同地区的大学生进行了调查。发现：就性别因素而言，大学生普通话的使用频率呈现女生高、男生低的特点；就专业特点而言，大学生普通话的使用频率，呈现文科类专业较高、理工类专业较低的特点；普通话整体使用比率达到75%。

第四节　大学生普通话能力的标准

国家教委、语委《关于进一步加强学校普及普通话和用字规范化工作的通知》(教语用〔2000〕1号)明确规定：说好普通话、用好规范字、提高语言文字应用能力，是素质教育的重要内容。说好普通话、用好规范字是学生具备的基本能力。师范专业和其他与口语表达关系密切的专业的学生的普通话水平应经测试达到规定的等级。学生应能掌握规定数量的汉字，做到书写正确、端正，有一定速度，其中与文字应用关系密切专业的学生应熟悉汉字的各项规范标准。

1997年，国家语言文字工作委员会关于颁布《普通话水平测试等级标准(试行)》，共分三级六等。具体内容如下：

一级：

甲等　朗读和自由交谈时，语音标准，词语、语法正确无误，语调自然，表达流畅。测试总失分率在3%以内。

乙等　朗读和自由交谈时，语音标准，词语、语法正确无误，语调自然，表达流畅。偶然有字音、字调失误。测试总失分率在8%以内。

二级：

甲等　朗读和自由交谈时，声韵调发音基本标准，语调自然，表达流畅。少数难点音(平翘舌音、前后鼻尾音、边鼻音等)有时出现失误。词语、语法极少有误。测试总失分率在13%以内。

乙等　朗读和自由交谈时，个别调值不准，声韵母发音有不到位现象。难点音(平翘舌音、前后鼻尾音、边鼻音、fu-hu、z-zh-j、送气不送气、i-u不分、保留浊塞音和浊塞擦音、丢介音、复韵母单音化等)失误较多。方言语调不明显。有使用方言词、方言语法的情况。测试总失分率在20%以内。

三级：

甲等　朗读和自由交谈时，声韵母发音失误较多，难点音超出常见范围，声调调值多不准。方言语调较明显。词语、语法有失误。测试总失分率在 30%以内。

乙等　朗读和自由交谈时，声韵母发音失误多，方音特征突出。方言语调明显。词语、语法失误较多。外地人听其谈话有听不懂的情况。测试总失分率在 40%以内。

《山东省实施中华人民共和国国家通用语言文字法办法》对大学生普通话的具体要求：高等院校和中等职业学校的学生应当参加普通话水平测试，达到二级乙等以上标准。

第五节　普通话水平测试

普通话水平测试是对应试人运用普通话的规范程度的口语考试。开展测试是促进普通话普及和应用水平提高的基本措施之一。国家语言文字工作部门颁布测试等级标准、测试大纲、测试规程和测试工作评估办法。

《普通话水平测试管理规定》(2003 年 5 月 21 日教育部令第 16 号发布)，对普通话测试提出了规范性的要求。教育部国家语言文字工作委员会 2003 年 10 月印发《普通话水平测试大纲》指出：普通话水平测试测查应试人的普通话规范程度、熟练程度，认定其普通话水平等级，属于标准参照性考试。普通话水平测试的范围是国家测试机构编制的“普通话水平测试用普通话词语表”“普通话水平测试用普通话与方言词语对照表”“普通话水平测试用普通话与方言常见语法差异对照表”“普通话水平测试用朗读作品”“普通话水平测试用话题”，明确了试卷构成和评分标准。

2008 年，教育部语用司出台《计算机辅助普通话水平测试操作规程》(试行)(教语用司函〔2008〕23 号)和《计算机辅助普通话水平测试试行办法》(教语用司函〔2009〕5 号)，评定测试成绩严格按照《普通话水平测试大纲》和《普通话水平测试评分细则》执行，试卷的“读单音节字词”“读多音节词语”和“朗读短文”测试项，由计算机辅助普通话水平测试评分系统评定，“说话”测试项，由省级测试机构通过管理系统分配至2名测试员审听评分，测试各项得分通过辅评系统合成，合成后的分数为应试人测试初始成绩。在一级乙等以下(含一级乙等)范围的初始成绩，经省级测试机构审核通过后，确认为最终成绩。在一级甲等范围内的初始成绩，须经省级测试机构上报，由国家测试机构组织复审确认。

一、普通话水平测试试卷构成和评分标准

教育部国家语言文字工作委员会关于印发《普通话水平测试大纲》，对普通话水平测试的试卷作了详细规定。试卷包括5个组成部分，满分为100分。

(一)读单音节字词(100个音节，不含轻声、儿化音节)

限时3.5分钟，共10分。

1. 目的：测查应试人声母、韵母、声调读音的标准程度。

2. 要求：

(1)100个音节中，70%选自普通话水平测试用普通话词语表中的“表一”，30%选自“表二”。

(2)100个音节中，每个声母出现次数一般不少于3次，每个韵母出现次数一般不少于2次，4个声调出现次数大致均衡。

(3)音节的排列要避免同一测试要素连续出现。

3. 评分：

(1)语音错误，每个音节扣0.1分。

(2)语音缺陷，每个音节扣0.05分。

(3)超时1分钟以内，扣0.5分；超时1分钟以上(含1分钟)，扣1分。

(二)读多音节词语(100个音节)

限时2.5分钟，共20分。

1. 目的：测查应试人声母、韵母、声调和变调、轻声、儿化读音的标准程度。

2. 要求：

(1)词语的70%选自普通话水平测试用普通话词语表“表一”，30%选自“表二”。

(2)声母、韵母、声调出现的次数与读单音节字词的要求相同。

(3)上声与上声相连的词语不少于3个，上声与非上声相连的词语不少于4个，轻声不少于3个，儿化不少于4个(应为不同的儿化韵母)。

(4)词语的排列要避免同一测试要素连续出现。

3. 评分：

(1)语音错误，每个音节扣0.2分。

(2)语音缺陷，每个音节扣0.1分。

(3)超时1分钟以内，扣0.5分；超时1分钟以上(含1分钟)，扣1分。

(三)选择判断

限时3分钟，共10分。

1. 词语判断(10组)

(1)目的：测查应试人掌握普通话词语的规范程度。

(2)要求：根据“普通话水平测试用普通话与方言词语对照表”，列举10组普通话与方言意义相对应但说法不同的词语，由应试人判断并读出普通话的词语。

(3)评分：判断错误，每组扣0.25分。

2. 量词、名词搭配(10组)

(1)目的：测查应试人掌握普通话量词和名词搭配的规范程度。

(2)要求：根据“普通话水平测试用普通话与方言常见语法差异对照表”，列举10个名词和若干量词，由应试人搭配并读出符合普通话规范的10组名量短语。

(3)评分：搭配错误，每组扣0.5分。

3.语序或表达形式判断(5组)

(1)目的:测查应试人掌握普通话语法的规范程度。

(2)要求:根据“普通话水平测试用普通话与方言常见语法差异对照表”,列举5组普通话和方言意义相对应但语序或表达习惯不同的短语或短句,由应试人判断并读出符合普通话语法规范的表达形式。

(3)评分:判断错误,每组扣0.5分。

选择判断合计超时1分钟以内,扣0.5分;超时1分钟以上(含1分钟),扣1分。答题时语音错误,每个音节扣0.1分,如判断错误已经扣分,不重复扣分。

(四)朗读短文(1篇,400个音节)

限时4分钟,共30分。

1.目的:测查应试人使用普通话朗读书面作品的水平。在测查声母、韵母、声调读音标准程度的同时,重点测查连读音变、停连、语调以及流畅程度。

2.要求:

(1)短文从“普通话水平测试用朗读作品”中选取。

(2)评分以朗读作品的前400个音节(不含标点符号和括注的音节)为限。

3.评分:

(1)每错1个音节,扣0.1分;漏读或增读1个音节,扣0.1分。

(2)声母或韵母的系统性语音缺陷,视程度扣0.5分、1分。

(3)语调偏误,视程度扣0.5分、1分、2分。

(4)停连不当,视程度扣0.5分、1分、2分。

(5)朗读不流畅(包括回读),视程度扣0.5分、1分、2分。

(6)超时扣1分。

(五)命题说话

限时3分钟,共30分。

1. 目的：测查应试人在无文字凭借的情况下说普通话的水平，重点测查语音标准程度、词汇语法规范程度和自然流畅程度。

2. 要求：

(1)说话话题从“普通话水平测试用话题”中选取，由应试人从给定的两个话题中选定 1 个话题，连续说一段话。

(2)应试人单向说话。如发现应试人有明显背稿、离题、说话难以继续等表现时，主试人应及时提示或引导。

3. 评分：

(1)语音标准程度，共 20 分。分六档：

一档：语音标准，或极少有失误。扣 0 分、0.5 分、1 分。

二档：语音错误在 10 次以下，有方音但不明显。扣 1.5 分、2 分。

三档：语音错误在 10 次以下，但方音比较明显；或语音错误在 10～15 次之间，有方音但不明显。扣 3 分、4 分。

四档：语音错误在 10～15 次之间，方音比较明显。扣 5 分、6 分。

五档：语音错误超过 15 次，方音明显。扣 7 分、8 分、9 分。

六档：语音错误多，方音重。扣 10 分、11 分、12 分。

(2)词汇语法规范程度，共 5 分。分三档：

一档：词汇、语法规范。扣 0 分。

二档：词汇、语法偶有不规范的情况。扣 0.5 分、1 分。

三档：词汇、语法屡有不规范的情况。扣 2 分、3 分。

(3)自然流畅程度，共 5 分。分三档：

一档：语言自然流畅。扣 0 分。

二档：语言基本流畅，口语化较差，有背稿子的表现。扣 0.5 分、1 分。

三档：语言不连贯，语调生硬。扣 2 分、3 分。

说话不足 3 分钟，酌情扣分：缺时 1 分钟以内(含 1 分钟)，扣 1 分、2 分、3 分；缺时 1 分钟以上，扣 4 分、5 分、6 分；说话不满 30 秒(含 30 秒)，本测试项成绩计为 0 分。

二、计算机辅助普通话水平测试

普通话水平测试，专业性强，牵涉面广，社会意义重大。全国普通话培训测试人数已达3000余万人次，各类学生参加测试的比例在77.5%左右。为推进普通话水平测试手段的现代化，提高测试管理效率和管理水平，自2007年开始在全国推行计算机辅助普通话水平测试。计算机辅助普通话水平测试研究将现代语音技术、计算机技术与普通话水平测试紧密结合，是近年普通话水平测试科研取得的一项重要成果。为做好计算机辅助普通话水平测试工作，教育部语言文字应用管理司依照国家《普通话水平测试规程》和《普通话水平测试管理规定》，制定了《计算机辅助普通话水平测试操作规程(实行)》，科大讯飞公司研制了计算机辅助普通话水平测试系统，许多高校已经开始使用该系统进行普通话水平测试。

2010年教育部语言应用管理司出台的《教育部语用司关于推进计算机辅助普通话水平测试工作等有关问题的通知》指出：从2007年1月起，科大讯飞公司(安徽科大讯飞信息科技股份有限公司)研发的计算机辅助普通话水平测试及其信息管理系统，正式应用于国家普通话水平测试。三年多来，全国接受计算机辅助测试的人员已突破100万人次。开展计算机辅助普通话水平测试，是普通话水平测试模式发展进程中的根本性改革和历史性跨越，是语言文字应用水平测试发展的方向。要求全面开展计算机辅助测试试点工作，全面实行计算机辅助测试，严格按照《计算机辅助普通话水平测试操作规程》(试行)(教语用司函〔2008〕23号)和《计算机辅助普通话水平测试试行办法》(教语用司函〔2009〕5号)的规定，积极扩大试点面，认真总结经验，加强管理，采取有力措施优化相应设施建设，保证工作的健康有序推进。

由此可见，只有深入研究计算机辅助普通话水平测试管理规范化，才能保证计算机辅助普通话水平测试工作的顺利开展。

(一)计算机辅助普通话水平测试管理规范化的内涵

普通话水平测试是对应试人运用普通话的规范程度的口语考试,其目的是促进普通话普及和应用水平提高。计算机辅助普通话水平测试是测试的新形式。其规范化包括:考前培训的规范化、组织考试的规范化、成绩评阅的规范化、证书档案管理的规范化。组织考试的规范化又细分为:考试流程的规范化、人员职责的规范化、考场设备的规范化、考场管理的规范化。

(二)计算机辅助普通话水平测试管理规范化的内容[①]

1.考前培训的规范化

(1)考生培训的规范化。坚持"以测促训,以训保测"的指导思想,大力加强对应试人员的测前培训。培训采用集中培训、自主培训、"普通话诊所"三种形式。集中培训就是考前第二周的周六下午安排多媒体教室为培训教室,通知学生培训时间与地点,选派优秀的测试员对被测的学生进行培训。自主培训是学生到学校的语言文字网站下载培训视频,自行观看,接受培训。"普通话诊所"是测试员对被测学生开展的语言诊断,指出其语音、语调存在的问题,提出解决措施。培训内容为:"机辅测试"的测试原理、测试题型、推广情况、操作流程、系统特点、注意问题、应试技巧等。

(2)考务人员培训的规范化。考务人员是考试工作是否能够取得成功的关键因素。考试前三天学校应召开考务人员培训会议,对考试组织人员、技术人员、监考人员进行"机辅测试"原理、操作步骤、技术人员守则、监考守则、考场规则、处理作弊行为的培训与学习,使他们能够了解考试的重大意义,明确自己的具体工作任务掌握排除常见故障的排除方法,从而整体划一地做好考试的组织工作。学校的纪委副书记强调监考纪律要求,提高监考人员遵守考试纪律的自觉性。

2.组织考试的规范化

(1)报名考试的规范化。计算机辅助普通话水平测试系统暂不开放网

---

① 参见李洪亮:《高校计算机辅助普通话水平测试规范化研究》,《中国考试》2011 年第 10 期。

上报名，当进行少量报名时可以采用录入方式。高校每次考试的人数都在3000人以上，个别录入的方式显然不行。高校都使用教务管理系统对学生的课程学习进行管理，可以利用此系统完成普通话水平测试的报名工作，然后统一导入普通话水平测试系统。此做法有三点好处：一是学生熟悉教务管理系统的报名方式；二是教务管理系统的学生信息具有权威性，不易出错，报名学生的信息较全，便于查找系别、班级、学号等学生信息，为将来发放证书做好准备。

(2)信息采集的规范化。图像信息采集是考试的关键环节，高校目前一般采用集中采集的方式。报名信息在导入测评系统前按照专业、班级、学号的排序，导入系统后，系统内的顺序不变。组织者安排有关院系的信息采集时间表，通知学生按时到指定地点进行信息采集。由于测评系统的个人信息确认需要录入身份证号，使每人采集信息的时间增长，并且在录入过程中容易出错。德州学院自己研发了一个小程序，改录入为鼠标点击，省时省力，降低了错误率。

(3)考点安排的规范化。考点应横幅悬挂，张贴考试须知、测试流程示意图、考试线路示意图，考场设置有候测室、备测室、测试室。制定考试时间表，列出每场次考生的集合时间、候测时间、备测时间、考试时间。各室均有规则、考务人员职责表、考务人员名单、注意事项等考试材料。候测室内循环播放上机测试操作流程的动画、考试注意事项。考生进入被测试前通过抽签方式领取试题。

(4)考场设备的规范化。受经济条件的限制，一般高校没有专用测试室，大部分高校是利用现有的计算机房，按照操作规程要求，根据机房大小，设置考试人数。因机房较多，考试过程较快，在人数设置上，一定要增大测试机位的间隔，减少应试者的相互影响。考试要选择配置较高的计算机，配置录音效果好、录音清晰的耳机，服务器、考试机联系的内网要快捷、畅通。候测室、备测室设在距测试室较近的多媒体大教室，候测室内每位考生座位放置《计算机辅助普通话水平测试考场规则》《计算机辅助普通话水平测试考生守则》《计算机辅助普通话水平测试应试指南》，备测室每位考生座位放置 1 本《普通话水平测试实施纲要》。候测室、备测室准备饮用水和纸杯。

（5）考试流程的规范化。普通话水平测试的环节较多，考生只有经过候测、抽题备测，才能进入指定测试室参加测试。为方便考务人员组织考试、考生参加考试，学校应制作考试流程图，在醒目位置张贴，便于学生参加考试。流程图的设置一定注意以下问题：①不同组别之间的时间不要冲突。②被测室是流程中的关键环节，起到承上启下的作用；学生的行走路线一定要设计好，否则容易冲突。③因考试要封闭考场，在整个环节中与外界接触的位置，都要设立保卫人员。如学生在教学楼外按照准考证号排队等候时，安排两名保卫处工作人员进行组织，候测室、备测室、测试室的楼层封闭，各楼梯口安排保卫处工作人员值班。

（6）人员职责的规范化。按照操作规程要求，考点应配备考点负责人、系统管理员和其他考务人员。考点负责人一般为学校的语委主任或语委办主任，系统管理员为计算机系主任或分管机房的副主任。其他考务人员分为八组：考务组、候测组、备测组、测试组、技术组、巡视组、保障组、保卫组，每组设组长一人。制订详细的职责分工，对每一名工作人员的职责权限作出界定，并有配套的监督措施和惩罚制度，确保考试组织的严密性、流畅性。

（7）考场管理的规范化。每考场设监考员 2 人、技术人员 1 人。考前 5 分钟组织学生入场，监考员甲核查学生准考证、身份证是否与本人一致，监考员乙引导学生到指定机位就座。入场完毕后，监考员甲宣读考场规则，监考员乙指导学生佩戴耳机、登入考试系统，技术人员检测考生登入情况，在所有考生都登录成功后分配试卷，监考员甲提醒考生试音。考试开始后，监考员巡视考场纪律，技术人员查看服务器，检测考生录音是否正常。考试过程中，考生显示状态为“评测成功”或“评测失败”状态时，提醒点击“结束考试”按钮。考试结束后，监考甲填写考场记录单，监考员乙维持考试秩序，技术人员检测试卷回收情况，提醒未交卷考生及时交卷。对于考试录音失败的考生，在当天重新安排考试，监考员乙引导考生离开考场，由场外引导员引导考生从专用通道离场。

(8)考试作弊处理规范化。计算机辅助普通话水平测试避免了考生带试题进入考场,减轻了监考老师的压力。但在考试过程中,仍发现有个别考生作弊。如夹带手机入场,用手机上网查找资料的情况;夹带小抄等。为严肃考试纪律,严格、规范的处理作弊行为,在培训监考人员的基础上,每考场发放考试违纪行为记录单和作弊工具暂管收据,记录单设有"作弊情节、违纪人签字、监考教师签字"栏目。监考教师处理完毕后,迅速告知流动监考员,再上报至主考。主考签字同意后,马上由学籍管理部门拟定处分决定,并在考场外张贴,从而严肃考场纪律。

3.成绩评阅的规范化

测试员评阅成绩,以往是从第一项开始听音评分,对应试人的语音面貌了解的较为详细。计算机辅助普通话水平测试,测试员在没有前三项语音或成绩参照的情况下,仅对3分钟的第四项"说话"进行成绩评定,是有很大难度的。测试员为了正确打分,往往要听2～3遍。德州学院在成绩评阅过程中,采取的是两名测试员评定成绩在2分以内的,以成绩的平均分为最终成绩;在2分以外的,由第三名测试员再次听音,评定成绩。成绩与一名测试员的评定成绩在2分以内的,以成绩的平均分为最终成绩;若与两名测试员的评定成绩都在2分以外的,由成绩评阅组负责人评定成绩。

4.证书档案管理的规范化

普通话证书自2011年开始已全部使用新版本,高校测试站按照考试合格人数从省测试中心领取空白证书,自行打印,然后按照专业、年级、学号的顺序发放。由于测评系统内考生数据不含以上字段,所以在打完后要进行排序,给工作带来很大麻烦。科大讯飞公司正在着手改进程序,解决这个问题。教务处向院系、院系向考生逐级发放证书时,都应签字领取,以便杜绝扣压和丢失证书的现象,做到证书管理的规范化。

测试档案由普通话培训测试站负责管理,包括文书档案和电子档案。文书档案包括报名表、考试安排表、考试时间安排表、考试流程图、考场规则、监考员守则、各岗位工作人员职责、试卷、考场记录单、缺考考生登记表、违纪考生情况记录表、第四项“说话”评分记录表、应试人成绩单、考试成绩分级统计表、证书发放登记表等。电子档案包括完整的应试人个人信息、测试录音、考生成绩等。文书档案长期保存,按年度分类归档,电子档案刻成光盘长期保存。

第六节　推广普通话宣传周

经国务院批准,每年 9 月第三周是全国推广普通话宣传周。自 1998 年第一届推普周开始。

一、历届全国推广普通话宣传周活动主题

第 21 届主题:说好普通话,迈进新时代。

第 20 届主题:大力推广和规范使用国家通用语言文字,自觉传承弘扬中华优秀传统文化。

第 19 届主题:大力推行和规范使用国家通用语言文字,助力全面建成小康社会。

第 18 届主题:依法推广普通话,提升国家软实力。

第 17 届主题:推广普通话,圆梦你我他。

第 16 届主题:推广普通话,共筑中国梦。

第 15 届主题:大力推广和规范使用国家通用语言文字。

第 14 届主题:提升国家通用语言文字应用能力,弘扬中华优秀文化传统。

第 13 届主题:规范使用国家通用语言文字,弘扬中华优秀文化传统。

第 12 届主题:热爱祖国语言文字,构建和谐语言生活。

第 11 届主题:构建和谐语言生活,营造共有精神家园。

第 10 届主题:构建和谐语言生活,弘扬中华优秀文化。

第 9 届主题:普通话——50 年推广,新世纪普及。

第 8 届主题:实现顺畅交流,构建和谐社会。

第 7 届主题:普通话——情感的纽带,沟通的桥梁。

第 6 届主题:大力推广普通话,齐心协力奔小康。

第 5 届主题:宣传贯彻国家通用语言文字法,大力推广普通话,促进语言文字规范化,迎接党的十六大的召开。

第 4 届主题:宣传贯彻《国家通用语言文字法》,大力推广普通话,促进语言文字规范化。

第 3 届主题:推广普通话,迈向新世纪。

第 2 届主题:推广普通话,迎接新世纪。

第 1 届主题:推广普通话,促进语言文字规范化。

二、第 21 个"推普周"的要求

习近平总书记指出:"一个国家、一个民族要振兴,就必须在历史前进的逻辑中前进、在时代发展的潮流中发展。"[①]我们要以习近平新时代中国特色社会主义思想为指导,自觉将语言文字工作融入到国家全面深化改革的大局中,全面深化语言文字事业改革发展,不断创新,通过形式多样的宣传和实践活动,引领广大群众不断增强自觉规范使用国家通用语言文字的意识,不断增强自觉传承弘扬中华优秀传统文化的意识,树立高度的文化自觉和文化自信。通过全面系统扎实的工作,积极服务"一带一路"建设和区域协调、乡村振兴等国家重大发展战略,积极助力打赢脱贫攻坚战,服务两个一百年目标的实现。在新时代、新征程中,不忘初心、牢记使命,推动语言文字事业实现高质量发展。

① 习近平:《开放共创繁荣,创新引领未来——在博鳌亚洲论坛 2018 年年会开幕式上的主旨演讲》,新华网,2018 年 4 月 10 日。

三、第 20 个"推普周"的要求

2017 年"推普周"是第 20 个推普周。教育部在通知要求中强调：2017 年 1 月，中共中央办公厅、国务院办公厅印发了《关于实施中华优秀传统文化传承发展工程的意见》，其中提出："大力推广和规范使用国家通用语言文字"，"实施中华经典诵读工程"。要充分发挥语言文字在传承弘扬中华优秀传统文化中的重要作用，用普通话诵读经典，写规范字传承文明。通过形式多样的宣传和实践活动，引领广大群众尤其是青少年更加热爱和亲近经典，不断增强自觉规范使用国家通用语言文字的意识，不断增强自觉传承弘扬中华优秀传统文化的意识，树立高度的文化自觉和文化自信。各级各类学校要根据自身特点认真组织开展"推普周"宣传活动，充分发挥学校主阵地作用。

第七节　普通话水平测试员队伍建设[①]

目前，我国由国家测试中心培训考核取得国家级测试员资格的有 4400 多名，由各省级测试机构培训考核取得省级测试员资格的有 44000 多名。这 48000 多名的测试员队伍承担着推广普通话的宣传、培训、测试和科研任务。高校是普通话水平测试的重点领域，计算机辅助普通话水平测试是普通话测试的新手段。在"机辅测试"条件下，测试员的工作任务由听"单音节词""多音节词""短文""说话"四题转为仅听"说话"一题，工作任务大为减轻，经济利益上相对减少。在计算机辅助普通话水平测试的背景下，应提高发挥普通话水平测试员对语言文字工作的积极性，充分发挥这支队伍的重要作用。

---

① 李洪亮：《基于计算机辅助普通话水平测试背景下的测试员管理研究》，《考试研究》2012 年第 5 期。

一、测试员的工作任务

测试员是经过专业训练，具有专门学问和特殊本领，能够熟练掌握普通话水平测试的测试方式、方法、要求和评分标准，凭借自己的耳朵主观感受应试人的发音状况，捕捉应试人的语音错误和语音缺陷，并迅速有效地记录下来，作为科学评定应试人实际语言等级的依据。这是一项高强度、高难度的劳动，需要大量的时间和精力，容易使测试员产生疲倦，对测试员的责任心要求很高。

实施计算机辅助测试前，高校测试员主要从事普通话测试工作，因考试都是安排在周末进行，考试人数又多，每学期测试员需要连续工作6～8周，十分辛苦，没有时间和精力从事语言文字的其他工作。随着计算机辅助测试的实施，测试员的听音量大为减轻，有了精力和时间从事其他工作。

我们认为，测试员是关系普通话水平测试质量的关键因素，承担着对应试人的普通话水平进行测试、从事普通话教学、在全社会推广普通话、从事语言研究四项重要任务。实施计算机辅助测试前，高校测试员主要从事前两项工作，受时间、精力所限，从事推普、语言研究较少。新形势下，测试员的工作重心应向推普和从事语言研究转变。

二、测试员管理制度

为让测试员在计算机辅助普通话水平测试背景下发挥更大的作用，高校语言文字工作委员会要出台制度，认真规划，强化管理，热心服务，积极引导，关注测试员的成长，加强外出培训，增强测试员的可持续发展能力，明确测试员的语言文字工作方向，从而推动学校语言文字工作的健康发展。

（一）测试员测试质量检查制度

加强对测试员测试质量的管理。测试员评阅成绩，以往是从第一项开始听音评分，对应试人的语音面貌了解的较为详细。计算机辅助普通话水平测试，测试员在没有前三项语音或成绩参照的情况下，仅对3分钟的第四项“说话”进行成绩评定，是有很大难度。在成绩评阅过程中，我们采取的是两名测试员评定成绩在2分以内的，以成绩的平均分为最终成绩；在2分以外的，由第三名测试员再次听音，评定成绩。成绩与一名测试员的评定成绩在2分以内的，以成绩的平均分为最终成绩；若与两名测试员的评定成绩都在2分以外的，由成绩评阅负责人评定成绩。每次测试听音结束后，我们对每位测试员的工作态度、测试能力、测试工作量、遵守工作纪律情况进行评估，对不认真工作的测试员进行教育督促，对测试能力不够的测试员组织培训。同时，对工作成绩显著的测试员给予物质和精神奖励。

（二）测试员培训制度

加强测试员队伍建设，认真执行普通话水平测试员管理办法的有关规定，定期组织测试员参加省语委办组织的测试培训会议，提高测试质量。构建普通话水平测试测试员QQ群，积极开展校内测试员工作研讨会，进一步提升测试员的专业素质。

通过管理、培训，测试员应具备以下几种能力：

（1）专业技能包括标准的普通话，较强的听辨能力，较好的语音分析、测评能力和简单的算术能力。要“真正做到熟练掌握标准，判断正误准确评分，定级合理”①。

（2）工作能力包括测试能力、交际和组织能力、面对复杂的语音信息时，能够保持稳定的评判状态，充分发挥主观能动性，对测试评分细则有深入的理解和把握，有很好的语言感知能力。

（3）教学能力。熟悉和掌握普通话的基础语音知识，通过对学生语音错误的纠正，可以更好地了解普通话和方言的对应规律；通过对学生的朗读训练，可以更好地把握文章的停顿和流畅度。

（4）学术研究能力。该能力包括：有较深厚的语音学知识，有丰富的测试和教学经验，善于观察发现和记录分析测试中遇到的问题，有较强的逻辑

① 戴梅芳：《浅谈普通话水平测试工作的管理》，《语言文字应用》1997年第3期。

思维能力，对自己所研究的领域现状有较全面的了解。[①]

三、测试员工作方向

我们通过研究，认为测试员在新形势下有八个语言文字工作方向："全国推广普通话宣传周"的宣传员、"经典诵读"的讲解员、普通话培训课的辅导员、"普通话诊所"的诊断员、语言文字网站的建设员、服务地方的推普员、地方方言的保护员、语言现象的研究员。

（一）"全国推广普通话宣传周"的宣传员

测试员要在"全国推广普通话宣传周"中充分发挥作用，积极参加学生演讲比赛、教师经典诵读比赛、语言文字知识竞赛、硬笔书法比赛、师生软笔书法欣赏等丰富多彩的竞赛活动，担当评委，公正评判。调动师生员工学说普通话、学用规范字的积极性，在校报、广播台、校电视台、校园网等媒体开辟专版、专题节目、专栏，宣传语言文字工作的意义和成就，编制小节目强化说讲普通话的重要意义，使讲说普通话深入人心。

（二）"中华颂·经典诵读"的讲解员

经典著作精神内涵丰富，是民族精神的源头、人类文化的瑰宝，体现着中华民族的伟大智慧，承载着圣贤伟大的思想光辉。通过诵读浸润，可以启迪人生，逐渐养成博大宽厚思想人格，熔铸出生命的深度和高度。测试员要积极参加学校组织的"经典诵读"活动，担当班级、院系、学校各层面比赛的辅导老师、评委，提高学生诵读经典的积极性、主动性，激发学生的爱国热情，加强校园文化建设。

（三）普通话培训课的辅导员

学校每学期都安排100课时的普通话培训课，安排测试员来承担授课任务，主要讲授普通话知识、普通话在日常生活中的应用，介绍普通话水平测试大纲。为把培训课上好，学校专门制作了培训光盘，组织教师集体备

---

① 齐影：《普通话测试员成长和培养的思考》，《广西教育》2010年第7期。

课。教师在上课过程中利用自己的专业知识，结合实际案例，充分发掘课程特点，提高学生兴趣，使学生积极参与教学，形成师生互动的良好局面。自开课以来，培训课深受学生欢迎。

（四）"普通话诊所"的诊断员

为解决学生讲说普通话的困难，学校建立了"普通话诊所"。学校选派优秀的国家级、省级测试员担任"坐诊医生"，每周定期向学生开放，对学生进行模拟测试，及时了解学生讲说普通话方面存在的问题和困惑，指出存在的"病症"，并开出"药方"，帮助学生提高普通话水平，真正起到推广普通话的作用。

（五）语言文字网站的建设员

为了推动语言文字工作的建设，扩大宣传阵地，学校建立语言文字网站，主要设置了政策法规、规章制度、成员介绍、通知通报、在线学习、测试知识等栏目。测试员应主动发挥作用，及时报道语言文字新闻、传播语言文字知识、介绍普通话知识，使语言文字网站成为学校语言文字工作的重要阵地。

（六）服务地方的推普员

测试员应服从学校安排，到有关行业、企业举办普通话讲座，传授普通话知识，分析容易出现的语音问题，并适时为地方政府的活动担当讲解员。在学校服务地方政府组织的活动中，测试员要对志愿者进行普通话培训和辅导，使志愿者讲得清楚、说得明白。对参加各种社会实践活动的学生，进行讲说普通话的训练，勇于担当服务地方的推普员。

（七）地方方言的保护员

测试员应充分挖掘地方语音的特点，深入乡镇、农村，与乡镇干部、农民交流、座谈、录音，建立地方语音库，保留语音资料。同时为他们介绍说讲普通话的重要性，指出地方方言的发音缺陷及纠正的方法，提高他们的普通话水平。

(八)语言文字的研究员

测试员应针对大学生思维活跃、紧跟潮流的特点,及时与学生沟通,了解新词语、流行语、网络语言、外来语的使用情况,依据《国家通用语言文字法》等有关的制度法规,研究其合理性、科学性、应用性,找出合理的、有生命力的成分,撰写文章,提出建议,丰富国家通用语言文字的词汇系统及表达手段,引导其在学校、社会规范使用。

第八节　大学生普通话能力提升的路径

要想提升大学生的普通能力,通常有以下路径。

一、加强相关课程的学习,提高对语言文字知识的认知水平

汉语的发音规律可以用《汉语拼音方案》来代表。1958 年 2 月 11 日,第一届全国人民代表大会第五次会议批准颁布《汉语拼音方案》。1955 年来,汉语拼音的推行取得了丰硕的成果。汉语拼音已经成为识读汉字、学习普通话、培养和提高阅读及写作能力的重要工具,成为改革和创制少数民族语言文字的重要依据,成为编制盲文、手语、旗语、灯语的重要基础,广泛用于中文文献排序检索以及工业、科技领域的型号和代号等多个方面。

语言的学习需要长期积累和反复练习使用,需要下苦功夫、硬功夫,投入大量的时间和精力。课堂教学是提高普通话水平的重要渠道,前面已经展示了“普通话”课程的教学大纲。作为一名大学生,学习普通话课,要掌握普通话的基本理论、基本知识及提高普通话口语水平的基本技能,学习正规的发音规律。发现自己的发音缺陷,是韵母的问题还是生母的问题,是“zh”“ch”不分还是“z”“c”“r”“L”念不清楚,只有找到自己的语音缺陷,才能迅速提高自己的普通话。

二、在第二课堂、第三课堂中进行普通话训练

普通话考试是检测大学生普通话水平的有效手段。测试员对第一项

（读单音节字词）的关注点在与测查应试人声母、韵母、声调读音的标准程度，偏重于对其物理属性的测量；对第二项（读多音节词语）的关注点在于测查应试人声、韵、调和变调、轻声、儿化读音的标准程度；对第三项（朗读短文）的关注点在于测查应试人使用普通话朗读书面作品的水平，测查声母、韵母、声调读音标准程度，测查连读音变、停连、语调以及流畅程度，测查其声韵调及其在特定词语和语言环境中轻声、儿化、上声变调、“不”变调以及“啊”的音变等，测量其把握轻重格式以及朗读技巧的情况；对第四项（命题说话）的关注点在于测查应试人在无文本的情况下运用普通话的能力，重点测查语音标准、词汇语法规范和说话自然流畅的程度，测查其声韵调，测查其词汇、语法使用的规范程度，测查其语音是否和谐与思路是否畅通。[①]

语言的学习不同于其他学科，不能“低调自我”，重在多练。普通话存在的问题，只有在多使用、多练习中才能发现，错误的发音如果不及时发现，错误的习惯就很难纠正。因此，大学生要充分利用班级会议、演讲、竞赛活动、各种答辩活动等，大胆讲说普通话，在校园内、在社会上坚持使用普通话，在使用中发现问题、解决问题。

三、“普通话诊所”个性提高大学生的普通话水平

大学生普通话中存在的个性问题，需要老师专门辅导，为此我们建议开设“普通话诊所”等类似机构，面向全体学生开放，由测试员担任“坐诊医生”或“辅导老师”面对学生的个性化需求，一对一辅导。通过测试员对学生普通话的诊断，指出其存在的“病症”，并开出“药方”，帮助学生提高普通话水平，真正起到推广普通话的作用。

同时，科大讯飞推出了普通话模拟测试和学习系统，可以根据考生的主要发音问题提供针对性的学习语料。在学习的过程中，计算机实时评测学

---

① 陆惠云：《从语言测试的诸要素看普通话水平测试的真实性和有效性》，《昆明师范高等专科学校学报》2008 年第 1 期。

习者的发音，及时纠正存在的问题，大学生也可以通过次学习系统提高普通话水平。

四、创造良好的学习使用环境，积极参加普通话推广活动

语言的学习需要具体的语言环境，它直接影响语言的学习和应用效率和效果。在高校的当下环境中，学校一定要注意克服方言环境的负面影响，加强语言文字建设，尽可能为学生创造有利的普通话学习使用环境。

大学生应该积极响应学校号召，克服因生硬别扭的发音出丑，或是畏惧长时间训练的困难等心理障碍，在宿舍交流、在日常生活中都使用普通话。积极参加普通话推广活动，在普通话规范使用的环境中成长。

第九节　高校是推广普通话的重要途径

语言文字是人类智慧和文明的结晶，是文化传承的重要载体，是推动历史发展和社会进步的重要力量。普通话作为全国通用的语言，是社会主义精神文明建设的重要内容。推广普通话是建设人力资源强国、传播弘扬传统文化、维护民族团结和国家统一、适应时代发展新要求、推进语言文字法制化建设的迫切需要。在经济发展的新常态下，我国普通话普及程度有了较大幅度提升，今后一段时期，要把“提高普及质量”摆上更加重要位置。高校语言文字工作在服务经济社会发展、传承中国优秀传统文化中的角色越来越重要，其在社会传播推广普通话的任务越来越重。

党中央提出实现中华民族伟大复兴的中国梦，这要求我们大力推广和普及国家通用语言文字，增强国家语言实力，保障国家文化安全，构建和谐语言生活；增进民族间地区间的交往，促进经济文化等各项事业发展，争取实现“书同文、语同音”的语言文字梦想。《中华人民共和国国家通用语言文字法》已经颁布 20 年的时间，依法推广普通话、提升全面普通话水平是摆在高校语言文字工作者的重要任务。因此，应进一步发挥学校对社会的辐射

推进作用，在全社会大力开展推广普通话工作，逐步形成“五位一体”普通话推广模式。

一、高校“五位一体”推广普通话模式的内涵

教育部副部长杜占元指出，加强各级语言文字工作管理干部、普通话水平测试员、相关行业主管部门语言文字工作专兼职管理队伍建设，加强国家语委语言文字培训基地管理队伍建设，充分发挥基地在人才培养、智力支持、活动支撑、合作交流等方面的作用。[①] 国家语言文字工作委员会主任李卫红强调，高校要顺应时代要求，培养造就一支高水平、专业化的人才队伍，要满足基层群众所思、所盼、所求，培养一批能在基层生根、开花、结果的“种子”，造就一批基础良好、各有所长、层次分布合理的高水平、专业化人才，打造一支语言文字工作的尖兵、铁军、生力军，为促进国家通用语言文字推广工作又好又快发展提供重要的保障和支撑。[②]

高校推广普通话有着得天独厚的优势：一是有从事现代汉语研究的高学历、高职称的高层次研究人才；二是有愿意从事推广普通话工作的优秀师资；三是有积极活跃、奋发向上、语音特点尚未定型的学生群体；四是有普通话水平较高、愿意从事推广普通话工作的大学生；五是领导重视，在机构设置、师资配备、设备购置、经费开支等方面会给予大力支持。

我们构建的高校“五位一体”推广普通话新模式（如图 3-2 所示），其目标就是充分发挥高校的人才优势，鼓励高校的教师、测试员、专家、管理队伍、学生等人员加入到推普工作中来。尤其是加强学校对社会的辐射作用，支持他们服务基层、服务群众，真正起到推广普及普通话的作用，探索形成高校推广普通话的新模式。“五位”指由高校教师、普通话水平测试员、语言方面的博士教授、语言文字管理人员、大学生五支队伍。这五支队伍从年龄

---

① 参见杜占元：《开创语言文字事业新局面》，2017 年 2 月 12 日《光明日报》。

② 参见李卫红：《围绕中心　服务大局　建设高水平专业化的推普工作队伍》，2014 年 5 月 23 日，http://www.moe.gov.cn/publicfiles/business/htmlfiles/moe/moe_176/201406/170368.html.

结构、知识结构、专业结构等方面互为补充，通过教育推广、测试推广、研究推广、活动推广、自身推广等五种途径来积极推广普通话，构成高校推广普通话的立体网络。尤其是大学生在返乡期间，更能够起到在广大农村推广普通话的重要作用，在和朋友的交流中，能起到普通话的示范、推广作用，从而达到全面提升全社会讲说普通话水平的目标。

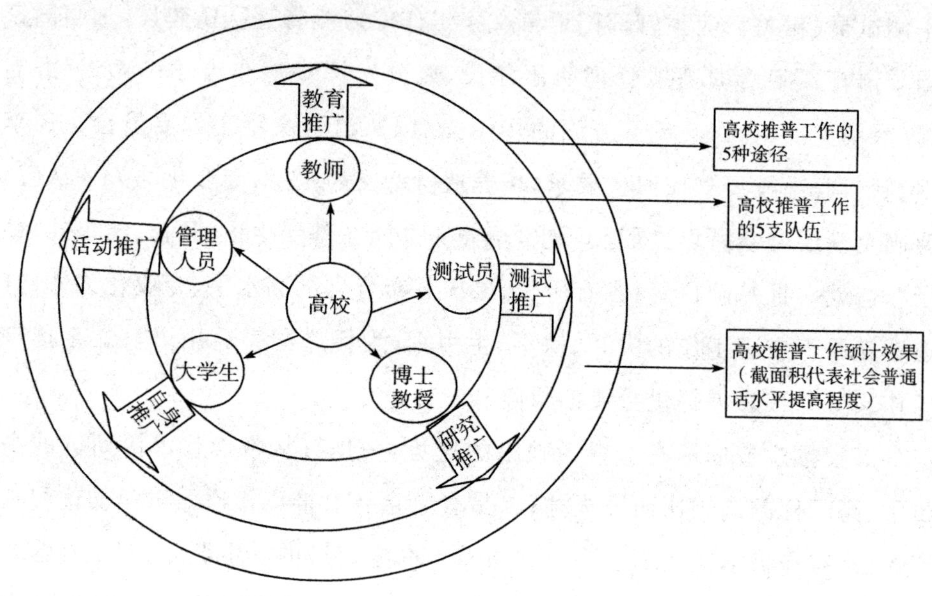

图 3-2　适应新时代发展的高校“五位一体”普通话推广模式

二、高校“五位一体”推广普通话模式的构建

新常态下高校“五位一体”普通话推广研究，以德州学院为样本，充分发挥教师、测试员、语委人员、大学生的示范引领作用。通过将大学语文、普通话等课程列入公共基础平台，大力开展普通话水平测试。开设“普通话诊所”，研究地域语音文化特点。开设讲坛讲座，开展“经典诵读”进社区行动等，构成高校推广普通话的“五位一体”模式，提升高校所属区域及周边地区的普通话水平，实现提高普及程度与提高普及质量并重的良好局面。

（一）高校教师通过教育途径推广普通话

学校是教书育人的场所，学生知识的获取、技能的培养、意志的磨砺、素质的提高都离不开语言。提高大学生的普通话水平既是高校的任务，更是在全社会推普的责任。德州学院充分发挥主渠道作用，推广普及普通话。

单独开设“大学语文”“普通话”等课程，将其列入人才培养方案。其中“大学语文”被列为公共选修课中的必选课程，在第二学期开设。学生在完成 36 学时的学习任务、考试通过后，方给予学分。“普通话”列为公共选修课的任选课程，每学期都开设多个教学班，供学生选修。通过优化教学内容、改革教学方法等措施，大力开展课程改革，提高课程的艺术性和感染力，激发大学生学习普通话的兴趣，从而掌握普通话知识，理解普通话规范，提升普通话水平。

为保证广大教师能够在课内外运用标准的普通话与学生交流，在每年的人才引进和招聘中，普通话水平和规范使用汉字的能力是考核指标之一。同时将普通话水平纳入教师评价体系，作为考核晋级、评优评先的重要依据，并将成绩记入业务档案。同时，教师在课程讲授、问题讨论、实践指导等方面，带头使用普通话，引领广大学生使用普通话进行交流，使普通话成为校园语言，营造普通话浓厚氛围。

（二）普通话水平测试员通过普通话测试推广普通话

普通话测试员是经国家或省普通话培训测试中心培训考核合格，取得国家或省级测试员资格证书的人员，他们能够熟练掌握汉语拼音方案、普通话语音理论和常用国际音标，熟悉本地方言与普通话的对应规律，具有较强的听、辨、记音能力。我们认为，普通话测试员在做好测试工作的同时，还应该是担任“全国推广普通话宣传周”的宣传员、“经典诵读”的讲解员、普通话培训课的辅导员、“普通话诊所”的诊断员、语言文字网站的建设员、服务地方的推普员、地方方言的保护员、语言现象的研究员。

德州学院规范培训流程，采取集中培训、自主培训、“普通话诊所”三种形式相结合的方式，加强普通话测试员的培训与辅导，提高测试成效。集中培训是指在测试报名后，学校开展普通话水平测试方面的讲座，测试员担任主讲教师，主要介绍普通话水平测试流程和注意问题，强调不同地区的发音特点和发音缺陷，明确纠正方法，教会学生自我提升普通话水平的方法。自主培训是指学生在老师的指导下，根据发音缺陷，自我纠正。一种方式是通过查字典区分读音，单音节字词朗读体会，阅读文章时标注易错词语并朗读训练，说话时特别注意易错词语等方式进行培训和训练。另一种方式是通过登陆语言网，进行普通话水平检测，针对诊断结果，自我训练提高。“普通话诊所”是面向全体学生开设的普通话辅导机构，由测试员担任坐诊医生，面对学生的个性化需求一对一辅导。通过测试员对学生普通话的诊断，指出其存在的“病症”，并开出“药方”，帮助学生提高普通话水平，真正起到推广普通话的作用。

（三）专家学者通过学术研究推广普通话

高层次语言文字研究人才是高校推普工作的优势。针对大学生思维活跃、紧跟潮流的特点，德州学院组织高层次人才开展调研，了解新词语、流行语、网络语言、外来语的使用情况，依据《国家通用语言文字法》等有关的制度法规，研究其合理性、科学性、应用性，找出合理的、有生命力的成分，撰写文章，提出建议，丰富国家通用语言文字的词汇系统及表达手段，引导其在学校、社会规范使用。

同时，学校组织专家学者分析地域发音特点，纠正别音错音，对本地的历史、文化进行研究，充分挖掘，找出地方历史文化中的经典、名人，通过编写著作、学者论坛等方式，在各类媒体进行宣传，使广大市民在接受文化传承教育的同时，学说普通话。学校编写的《德州地域文化概论》《打造精品——地域文化产业建设研究》《德州历代名人》《德州运河文化》《德州饮食文化》等“德州地域文化研究丛书”，分别从德州的文化特性、世家名人、运河文化、饮食文化四方面对德州的地域文化进行了研究，促进了地域历史文化元素融入城市建设。

(四)语言文字工作管理队伍通过组织活动推广普通话

语言文字工作管理人员是语言文字工作的推动者和落实者。德州学院一方面注重提高管理人员的政治素质,开展师德教育和作风建设教育,使其爱岗敬业,以学为人师、行为示范准则要求自己,牢固树立全心全意为师生服务的意识。另一方面要求管理人员加强业务学习,吃透国家语委、山东省语委的政策文件,提高自身的语言文字能力,增强业务能力,提高推普工作的主动性。

在此基础上,德州学院语言文字管理人员扎实开展语言文字工作。一是组织开展"推普周"活动,通过采取多部门合作、点面结合的方式,组织各类宣传、竞赛、欣赏活动,营造讲说普通话的良好氛围。二是组织开展"经典诵读"行动,通过加强诵读组织建设、建立长效保障机制、开设经典课程体系、完善人才培养方案、创新经典诵读载体、开展诵读系列活动、培育经典诵读师资等措施,使广大群众诵读经典,理解经典,喜欢经典,传承经典。三是采取点面结合的方式,上到学校,下到宿舍,通过校报、校广播台、校电视台、校园网等媒体开辟专版、专题节目等多种形式,优化校园育人环境,使讲说普通话深入人心。

(五)大学生在返乡探亲、社会实践活动、就业后通过引领示范,自觉推广普通话

随着高等教育的大众化,高校已经成为国家公务人员、企业技术人员培养基地,充分发挥高校优势,搞好提高普通话工作显得越来越重要。当代大学生具有就业地域广、活动空间大、可塑能力强、普通话水平高的特点,要让他们成为推广普通话的主力军。

大学生在返乡探亲期间或回乡工作,在与乡亲(尤其与同龄人)交流过程中,可以做讲说普通话的表率,起到引领示范作用。同时由于他们掌握本地方言的发音缺陷,能够帮助乡亲纠正发音缺陷,提升普通话水平。鉴于这种交流是建立在认识的基础上,会更加自然、流畅。大学生在社会实践活动期间或外地就业,因乡音不同,大学生的语言信息交流会自觉使用普通话,带动当地普通话的推广使用。

第五章 “经典诵读”的实施

“中华诵·经典诵读行动”是教育部、国家语委、中央文明办联合组织倡导的系列活动，自2007年开始，至今已开展活动十多年了，其目的是弘扬中华优秀文化传统，传承民族精神，树立社会主义核心价值体系和提高语言文字应用能力，主旨为“雅言传承文明，经典浸润人生”。此行动已列入《国家中长期语言文字事业改革和发展规划纲要（2010－2020年）》，成为传承中国文化和社会主义核心价值体系的重要载体。国家语言文字事业“十三五”发展规划中明确要求：强化学校语言文化传承功能，推进各级各类学校开展“中华经典诵写讲”行动。

2017年1月，中共中央办公厅、国务院办公厅印发《关于实施中华优秀传统文化传承发展工程的意见》，提出要“实施中华经典诵读工程。组织学校开展经典诵读、书写、讲解文化实践活动，挖掘与诠释中华经典文化的内涵及现实意义，使群众特别是广大青少年更好地熟悉诗词歌赋、亲近中华经典”。这是对我们语言文字工作十年来通过中华经典诵读系列活动推广国家通用语言文字、传承弘扬中华优秀文化的充分肯定，也为新时期语言文字工作提出了新要求，拓展了新道路，明确了新高度。

《山东省语言文字工作委员会、山东省教育厅关于印发山东省贯彻〈国家语言文字事业“十三五”发展规划〉实施意见的通知》要求，充分发挥语言文字在弘扬中华优秀传统文化中的作用，持续推进开展中华经典诵写讲行动，加强中华经典诵读推广基地和研究基地建设，强化学校语言文化传承功能，加强中华经典学习资源建设。

“中华诵·经典诵读”行动是提高学生母语素质、传播优秀文化的重要手段。教育部语用司司长姚喜双在中国教育报上刊登文章《方块字书写经典 普通话咏诵中华——加强语言文字工作，传承弘扬中华优秀传统文化》，文中写到，近十年陆续推出以“亲近经典、承续传统”为主题的中华经典诵读系列活动，直接举办传统节日诵读晚会和红色经典诵读晚会40余场，引导群众性诵读活动开展，营造社会氛围；开展经典诵读、汉字书写、作文、诗词歌赋创作以及夏令营等系列活动，近7000万人次参与，打造社会参与平台；通过遴选典籍佳作进行诵写讲，建设中华经典资源库，已制作完成7000分钟的高清视频资源，为经典诵读活动提供示范和指南；在全国11所直属高校及20个省份近2万所学校开展“中华经典诵写讲”试点工作，引导各地各学校在课程教材建设、学科建设、活动开展、人才培养等方面进行探索实践。自2013年以来，教育部、国家语委联合中央电视台相继举办了三届“中国汉字听写大会”、两届“中国成语大会”和两届“中国诗词大会”，从字到词到篇章，深入挖掘、体现语言文字的魅力，三档节目有超过30亿人次收看，激起了全社会学习汉语汉字和经典诗词的热潮。[①]

第一节 实施“中华诵·经典诵读”行动的意义

各高校充分依托学校教育资源和优势，发挥广大师生的积极性、主动性和创造性，以相关课程、课外活动及校园文化建设为载体和平台，积极实施“中华诵·经典诵读”行动，使其在弘扬中华优秀文化传统、传承民族精神和树立社会主义核心价值体系及提高语言文字应用能力等方面发挥重要作用，引领广大师生更加广泛深入地感受领悟中华经典，加深对中华优秀文化传统的了解和热爱，增强继承和弘扬中华文化的自觉性，提高思想道德水平；培养学生诵读、书写及讲解经典能力，提高他们的文化素养、审美情趣及

① 参见姚喜双：《方块字书写经典 普通话咏诵中华——加强语言文字工作，传承弘扬中华优秀传统文化》，2017年3月15日《中国教育报》。

语言文字应用能力,为推进素质教育、促进学生全面发展做出努力。

“普通话诵中华,规范字书经典”,开展中华经典诵读、书写、讲解等文化实践活动,将有助于培养学生诵读、书写及讲解经典的能力,既是推广普及国家通用语言文字的重要途径,也是提高他们的文化素养、审美情趣及语言文字应用能力的有效抓手,更有助于引领国民尤其是青少年加深对中华优秀传统文化、革命文化和社会主义先进文化的了解和热爱,更加广泛深入地领悟中华思想理念,传承中华传统美德,弘扬中华人文精神,为人生打下鲜明的中国底色。

“中华经典诵写讲”行动在提高国民语言文字表达能力和综合素质、弘扬民族优秀传统文化和社会主义核心价值观等方面发挥了积极作用,成为新时期语言文字工作的重要载体,成为教育和语言文字工作推动文化大发展大繁荣的特色品牌。

大学生通过四年的学习,应该能够熟悉中华经典的知识,深刻理解中国优秀传统文化的精髓,树立正确的人生观、价值观、世界观,坚持中国自信,成为中国优秀传统文化的传播者和实践者,成为新时代中国特色社会主义事业的合格建设者和可靠接班人。

第二节　大学生“经典诵读”的主要内容

中华经典是语言文字浓缩的中华文化精华,孕育了无数先贤经世治国的哲思理念和修身齐家的人生智慧,积淀着中华民族最深层的精神追求,是中国人民不可磨灭的文化基因。做好“教材体系建设,拓展校园文化,加强研究阐释,讲好中国故事”四件事,让经典育人、化人,以优秀文化固本、铸魂,让青少年在写好方块字、说好普通话中感悟博大精深的中华文化,增强作为一个中国人的底色,更好服务于中华民族的伟大复兴。

一是结合办学特色,丰富活动形式和内容,形成品牌。利用班团队会、党团组织及学生会和社团活动、兴趣小组、课外实践活动等现有载体形式,围绕经典鉴赏、诵读艺术及书写技能培养、展示，开展生动、多样的主题活动、竞赛活动、展示活动等。

二是注重营造富有中华传统文化特色的育人氛围，以音频、视频、书画等生动形式及校广播站、电视台、校园网、墙报、校刊（报）等载体展示中华经典及诵读、书写、讲解实践。

三是倡导并组织学生走向社会，开展优秀传统文化和国家通用语言文字的宣传普及工作，促进校园文化向社会辐射。

高校大学语文及中文、播音主持、影视话剧表演、师范类等专业相关课程中应进一步强化经典的讲解及诵读和书写技能的训练、考核。高校的相关必修课或选修课设一定学分，并进入学生素质拓展认证系统。

第三节 大学生提升经典读写讲能力的途径

提升大学生经典读写讲能力，主要有如下途径：

一、加入相关课程学习，提升对中华经典的理解和诠释

课堂教学是学生培养的主渠道。大学生应该做好学校经典诵读类必修课程，如《大学语文》《应用文写作》《普通话》等课程学习，认真听课思考答题，按时独立完成作业，真正做到“四个回归”“必修必学”；做好学校经典诵读选修课程，如“汉字书写”“阅读与写作”“中国传统文化”“诗词鉴赏”“名著解读”等课程的学习，按照兴趣选取课程，真正做到“选修真学”；做好“爱课程”“智慧树”等网络教育平台选课，如“经典导读与欣赏”“中国哲学经典著作导读”“《论语》的智慧”的学习，理解不同高校教授的观点，加深对课程的理解，真正做到“线上线下混合学习”。

二、充分利用课余时间，认真阅读中华经典的原著

国家语委加强中华经典诵读资源建设，已经建设完成四期中华经典资源

库，支持中华经典诵读地方课程和教材建设。第四期中华经典资源库，用56集近2000分钟视频资源，重点介绍和展示了《管子》《荀子》《韩非子》《孙子兵法》《黄帝内经》等9部先秦诸子典籍，以双语形式呈现了突出体现蒙古族、藏族、维吾尔族民族文化特质的3部传世佳作，同时，还专门制作了传统吟诵篇和书法篇。第二、三期中华经典资源库，包括“中国传统文化的智慧”“汉字与中华文化”专题及《大学》《中庸》《论语》《孟子》《诗经》《尚书》《礼记》等21部典籍（或专题）103集，反映地方、民族特色的经典诗文18篇，还有传统吟诵篇和书法篇，共计近4000分钟视频资源。第一期中华经典资源库，成果以语文课程标准中部分推荐背诵篇目和反映地方特色、民族特色的经典诗文100篇为主要内容，制作完成3000分钟视频资源。这些视频资源均由人民教育出版社出版，免费发行、赠送，并在人教网、中国语言文字网、中华语文知识库等网站上线，供大学生免费观看。

读书是学习的重要方式。随着现代新技术的快速发展，时间越来越呈现碎片化的趋势，完整系统读经典的时间越来越少。中华经典博大精深，作为一名大学生，读原著是提高经典诵读讲能力最好的学习方式。

要鼓励大学生积极参加中国诗词大会、全国大学生朗诵大会等活动，参加中华经典诵读、规范汉字书写等活动，努力提升自身的文化素养。

三、积极参与各种诵读活动

高校为开展“中华诵・经典诵读”行动，建立了社团，组织开展了形式多样、精彩纷呈的活动。大学生一定要积极参与到活动中去，如参加“吟诵社团”“诵读比赛”等，在实践中学习，在团队中学习，在实践中发现他人的可学习之处，发现自己需要进一步提升的空间，做到“知行合一”。

四、积极宣讲中华经典

把所学的知识运用到实践，把学到的故事讲给别人听，其学习的效率会大大提升。大学生学习了中华经典知识、故事，提升了经典读写讲的能力，可以到中小学、到社区、到养老院、到车站、到广场讲读，在讲中学，在做中学，积极宣传中华经典，讲好“中国故事”，提高全社会对中华经典的认识和理解，营造良好的社会氛围。

第四节 大学生学习提升经典读写讲能力的方法

提升大学生经典读写讲能力的方法主要有以下几种：

一、注重团队学习提高学习效率

由美国学者、著名的学习专家爱德加·戴尔1946年首先发现并提出的学习金字塔理论，以语言学习为例，用数字形式形象显示了采用不同的学习方式，学习者在两周以后还能记住内容(平均学习保持率)的多少。他提出，学习效果在30%以下的几种传统方式，都是个人学习或被动学习;而学习效果在50%以上的，都是团队学习、主动学习和参与式学习(如图4-1所示)。

图4-1 学习金字塔

(摘自360百科:https://baike.so.com/doc/6219886－6433176.html)

在塔尖，第一种学习方式——“听讲”，也就是老师在上面说，学生在下面听。这种我们最熟悉最常用的方式，学习效果却是最低的，两周以后学习的内容只能留下5%。第二种，通过“阅读”方式学到的内容，可以保留

10%。第三种,用“声音、图片”的方式学习,可以达到20%。第四种,是“示范”,采用这种学习方式,可以记住30%。第五种,“小组讨论”,可以记住50%的内容。第六种,“做中学”或“实际演练”,可以达到75%。最后一种在金字塔基座位置的学习方式,是“教别人”或者“马上应用”,可以记住90%的学习内容。

因此,大学生在学习中华经典时,一定要组成社团或学习小组,积极运用,提高学习效率。

二、注重人工智能时代学生学习方法的转变

国学大师钱穆的名句“过去未去,未来已来”,很好地印证了当今社会的快速发展。人工智能时代很快就会到来,德国波鸿市鲁尔大学的一项研究表明,大脑在学习新东西以后的3个小时内便会改变结构。人工智能支持的个性学习、协同学习、体验学习和探究学习等学习方式,对脑结构的改变会更加明显。特别是人工智能支持的深度体验与探究学习,会多方面深度激活不同脑神经区域,也就是说人类的大脑正不断地被智能科技重新塑造。①

我国“863超脑计划”正在开发高考机器人,期望到2020年能够达到清华、北大考生的水平。按照现代学习理论,根据学习中智能匹配的不同方式,可以分为基于问题的学习、基于项目的学习和基于产品的学习三种形式。“基于问题的学习,倾向于产生知识。它适合所有学校已知的科目,主要是在校园里解决的。基于项目的学习产生的是一个方案,一定要有甲方、乙方,可以超越校园,更加接近真实生活。还有一种新的学习模式叫基于产品的学习,这种学习更倾向于真实的环境,从使用产品到设计产品,甚至将产品转化成全人类的共同财富。基于产品的学习在现在流行的创客教育中慢慢流行开来,教育不仅引导大家适应现在的生活,而且号召我们主动构建

---

① 参见杨桂青:《人工智能时代学生如何学习》,2018年5月16日《中国教育报》。

未来的生活。”[①]

大学生在学习中华经典时，一定要树立基于问题、基于项目、基于产品的想法，深刻理解中华经典的内涵，积极参与社团、竞赛活动，充分利用信息化技术手段，创新学习和宣传方式。

第五节 按照建构主义理论引导学生主动建构“经典诵读”知识体系

建构主义认为，教育活动应以学生为中心，教师应是教学过程中引导者、促进者和合作者，尊重学生已有的知识经验，尊重学生个体身心发展的差异性，启发、引导学生做好自己知识体系的建构。大学生在学习“中华经典”知识，提高“经典诵读”能力的过程中，应该加强运用现代学习理论的新要求，自己建构“经典诵读”知识体系。

一、主动建构“经典诵读”知识体系，强调主动建构性

大学生应主动选修校本“经典诵读”课程，主动参与“爱课程”“雨课堂”“智慧树”“超星尔雅”等网络学习平台的“经典诵读”类课程学习，认真听取不同老师对“中华经典”的理解和分析，认真阅读“中华经典”书籍，坚持读原著，在老师引导下去概括、综合、重组和转换知识，逐步形成自己对“中华经典”的认识，形成自己的“经典诵读”知识体系。

二、分享“经典诵读”知识体系，强调社会互动性

大学生应加强和同学之间合作交流，作为共同学习的共同群体，加强社会互动的合作讨论、交流共享的学习，经常性地探讨、分享“中华经典”的知识以及自己的看法，共同参与经典诵读比赛、演讲，共同撰写学习体会和心

---

① 参见杨桂青:《人工智能时代学生如何学习》，2018 年 5 月 16 日《中国教育报》。

得，尊重学生之间学习的个体差异性，在交流合作中对自身构建的“经典诵读”知识体系进行调整和优化，加深对“中华经典”知识体系的理解，进一步丰富自身的知识体系，增加经验，提升能力。

三、情境再现“经典诵读”知识体系，强调情境性

建构主义认为，知识是从情境性的、可以具体感知的活动中获取的，而不是干瘪的符号或词语。实践出真知，大学生在学习“经典诵读”知识体系时，应注重知识点应用，经常到社区、中小学等人群密集区，进行“经典诵读”知识的宣传，加强情境再现，有助于诵读人员和听者理解知识、掌握知识、创造知识。

第六章 “一体两翼”大学生母语素质教育及提升模式的实践与成效

——以德州学院为例

德州学院作为一所地方本科院校，高度重视大学生母语素质培养，将母语素质作为社会主义文化、校园文化的重要组成部分，以构建和谐校园语言生活、提高师生母语素质、塑造学生心灵为工作目标，探索构建“一体两翼”大学生母语素质教育提高模式，把提高大学生母语素质纳入人才培养目标和有关课程的教学大纲，纳入常规管理，纳入技能训练，并渗透到学校教育教学活动和校园文化建设的各个方面，建立提高大学生母语素质的主渠道，取得了良好效果。

第一节 推进大学生母语素质主体建设的措施

推进大学生母语素质主体建设主要有以下四项措施：

一、完善人才培养目标，对大学生母语素质提出要求

人才培养目标是人才培养的总纲，在学校人才培养工作中起统领作用。它关乎把受教育者培养成什么样人的根本问题，是高等教育活动的出发点和归宿。德州学院确定了创新性应用型人才培养目标，搭建了“厚基础、强实践、求创新、高素养、重责任”的人才培养平台，重视知识、能力、素质的协调发展，将具有较高的母语素质作为人才培养的重要方面，通过“高素养”平

台积极提升人才素质。其中,母语素质的知识目标包括语言、文字、文学、逻辑、写作知识等,能力目标包括口语交际、朗诵、演讲、阅读、写作等,素质目标包括思想性、文化性、审美性、发展性等人文精神的培养。

本科生毕业要求中的通用要求,明确列出毕业生应达到的思想政治素质、道德法纪素质、身心健康素质、科学文化素养、信息应用能力、语言交际能力、创新创业能力等方面的毕业要求。要求学生掌握必要的语言知识、文字知识、文学知识、艺术知识、逻辑知识、写作知识、社会科学知识、日常生活知识等;掌握中华民族优秀传统文化,了解世界文化和文明的主要成就;认识自然科学、社会科学、人文艺术等学科的精华,了解系统科学等当代科学知识的精华;学会人文艺术等学科的某种专门化知识技能,具备中华文化素养,了解科学技术对社会和个人所产生的影响。

2016 年学校制定的《德州学院"十三五"事业发展规划》和《德州学院"十三五"专业建设与人才培养规划》,针对国家经济社会发展的基本态势、高等教育发展的战略调整、区域经济社会发展对高等教育的需求、学校在高等教育中的位置和选择,进一步明确了人才培养目标:以立德树人为根本任务,努力培养"实基础、强实践、求创新、宽视野、高素养、重责任"的创新性应用型人才,在高素养和重责任平台中加入母语教育的相关内容。

二、修订人才培养方案,将部分课程列入教学计划

人才培养方案是高等学校保证教学质量和人才培养规格的重要文件,是组织教学过程、安排教学任务、确定教学编制的基本依据,它直接关系到人才培养的规格和质量。德州学院将"大学语文""应用文写作""中国传统文化"列为人文素质教育核心课程,作为公共选修课的必选课程开设,大一下学期开设"大学语文",大二上学期开设"应用文写作",大二下学期开设"中国传统文化"。每门课程开设 36 学时,期末统一组织闭卷考试,考试不及格者需重新学习,从而端正了大学生对母语的学习态度。"普通话""诗词鉴赏""名著赏析"等大学生母语素质提高课程,作为公共选修课程,每学期

都开设多个教学班，供学生选修学习。

按照OBE（基于学习产生出的教育模式）成果导向的教学设计，这些课程承担培养大学生具备较好的人际交往能力和语言表达能力，包括口语交际、朗诵、演讲与辩论、文学作品阅读、日常应用文写作等；具备良好的中国传统文化素养，热爱中国传统文化等。这些课程分为两类：

A类课程包括大学语文与应用写作、文学艺术修养，大学语文与应用写作课程，重在掌握知识（语言知识、文字知识、文学知识、逻辑知识、写作知识、社会科学知识、日常生活知识等）、发展能力（语言表达能力，包括口语交际、朗诵、演讲与辩论、文学作品阅读、日常应用文写作、信息收集和处理、书法等）及培养思想性（世界观、人生观、价值观）、文化性（古今中外先进文化）、审美性（对自然美和道德美的欣赏）、发展性（智力、情感、意志等心理能力）、创造性（创新意识和创新能力）等人文精神。文学艺术修养类课程要普及文学艺术知识、陶冶情操与完善人格。

B类课程包括传统文化、世界文明类。传统文化、世界文明与文学艺术修养类课程，重在培养提高学生的人文素养、爱国主义精神及建设社会主义现代化的使命感和责任心。中国传统文化类课程要了解中国的悠久历史、文明成就和优秀成果，世界文明类课程要了解世界文明的基本进程、特色和优秀成果。

2017年，学校根据“十三五”发展规划，按照山东省本科专业人才培养方案的编制要求，对所有本科专业的人才培养方案进行了修订，渗透应用了“一体两翼”大学生母语素质教育模式，进一步明确了大学生母语素质的要求，在人才培养目标和毕业要求中都作了详细规定，并增加了选修课程。

三、深化教学改革，提高大学生学习母语的效果

德州学院将“大学语文”“中国传统文化”课程设置为公共选修课，实际运行时，要求各学院选择其中的一门作为限选课，统一编班，统一排课。将“大学语文”等课程作为母语教育的工具性和引导性课程，大力开展教学改革，通过优化教学内容、改革教学方法等措施，提高课程的艺术性和感染力，

激发大学生学习母语的兴趣。如编写《大学语文》教材，根据作品反映的传统文化精神内涵主题分为“叩问人生”“心怀天下”“乐山乐水”“亲情友情”“执子之手”“人物风神”“节令民俗”“问学寻美”8个单元；每个单元由讲读课文和拓展阅读两部分组成。讲读课文由作家介绍、正文、注释、阅读提示、思考与研讨几部分组成；选读课文旨在拓展阅读及自学空间，弥补课堂教学的不足；应用文体写作部分，精选学生在专业学习、工作生活、就业应聘、公务员考试等方面最常用的重要文体进行教学，并附有例文示范。

四、充分利用现代信息技术，加强母语教育信息化建设

语言文字信息化是运用当代先进科学技术引领语言文字事业改革和发展的重要手段，已引起国家的高度重视。德州学院大力开展课程上网建设工作，多门课程按照精品课程标准建设，建立了网络课程，形成了系列课程网站。网站设立了学习指南、电子教材、教学课件、授课录像、习题试题、人文天地、学习参考、在线答疑、特色项目等栏目，供学生网上学习，拓展了大学语文的学习空间，提升了学习效果。同时，学校建设有语言文字网，内容包括政策法规、规章制度、在线学习、测试知识、工作动态等，引导学生提高母语素质。学校还顺应新媒体发展潮流，举办了《手机时讯》手机报，内容包含本期“导读”“热点聚焦”“早安德院”“好读书·读好书”“生活小贴士”等版块，利用学生易于接受的形式，引导同学们学知识，知国情，谈心声。

建成“大学语文”“中国传统文化”“中国古典诗歌鉴赏”“写作基础”等网站。参见图6-1、图6-2、图6-3、图6-4。

图6-1 “大学语文”网站截图

图6-2 “中国传统文化”网站截图

图 6-3 “中国古典诗歌鉴赏”网站截图

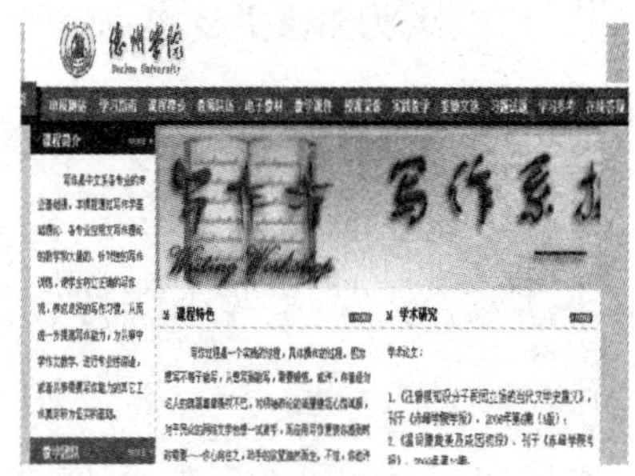

图 6-4 “写作基础”网站截图

第二节　提高大学生个性化母语素质的活动

提高大学生个性化母语素质主要进行了以下活动：

一、以普通话水平培训测试活动为抓手，检测大学生的母语水平

普通话水平测试是推广普通话的重要抓手，是检验学生普通话水平的重要方式。学校牢固树立“以测促训，以训保测”的指导思想，通过规范培训测试、细化工作流程、狠抓考试管理、注重测试成效等措施，引导大学生学习使用普通话。为满足大学生的个性化需求，建立了“普通话诊所”。“诊所”诊断分析存在的问题，制定练习方案，帮助学生提升普通话听讲水平；研究如何提高大学生语言表达能力和交流能力。

普通话水平测试结束后，普通话水平测试中心工作人员对学生成绩进行分析和统计，对于成绩优秀的学生，鼓励其参加学校的吟诵协会、诵读协会，推荐其到广播台播音，发挥特长，展现才能，提高兴趣。对于成绩不理想的学生，邀请其到“普通话诊所”，和诊所的测试员一对一建立联系。测试员通过对学生讲说普通话方面存在问题的了解，指出其存在的“病症”，并开出“药方”，真正起到推广普通话的作用。

二、大力开展"经典诵读"活动，提升大学生文化内涵

"经典诵读"行动是提高学生母语素质、传播优秀文化的重要手段。学校通过加强诵读组织建设、建立长效保障机制、开设经典课程体系、完善人才培养方案、创新经典诵读载体、开展诵读系列活动、培育经典诵读师资、优化校园育人环境等措施，开展学生"万人诵经典"、教职工诵读经典大赛、"经典诵读行动"周、"经典诵读"讲座、"普通话诊所"辅导、学生经典诵读比赛等活动，使广大学生诵读经典、理解经典、喜欢经典、传承经典，形成讲说普通话、书写规范字、吟诵古诗词、弘扬传美德的可喜局面。

积极打造吟诵品牌，宣扬中国传统文化。近几年来，学校成立了学生社团柳湖吟诵社，以"弘扬吟诵艺术，传承中华文化"为宗旨，通过"吟诵"这种被称为"中华传统文化绝学"的方式传承经典，唤醒新一代年轻人对于我国古代"雅"文化的认知，培养学生的人文修养，陶冶学生的人文情操，提高学生的人文素质。学校积极推动经典吟诵活动进小学课堂，举办"汉服游园"吟诵展出活动，展示"兴于诗，立于礼，成于乐"的古典教育模式，贴切地表达"健全人格、培育德行"的中心思想，弘扬圣贤教育理念，培养吟诵后备人才，传习雅言之道，养成君子之风。

第三节　强化保障体制机制建设，全力推进学校语言文字工作

要提升大学生母语教育的素质，就要强化保障体制的建设，全力推进学校语言文字工作的发展。

一、优化课程体系，诵读经典名作，强化队伍建设，规范培训测试

语言文字内涵丰富，底蕴深厚，是文化传承的重要载体。充分发挥教育教学的主渠道作用，对学生进行国家通用语言文字教育，推动社会主义核心

价值体系进校园、进教材、进头脑，提高学生的语言文字应用能力，是高校语言文字工作的重要内容。德州学院语委在山东省语委的正确领导下，认真贯彻落实《国家通用语言文字法》《山东省实施〈中华人民共和国国家通用语言文字法〉办法》等文件精神，以构建和谐校园语言生活、提高师生语言文字应用能力、塑造学生心灵为目标，提出了“推普与诵读结合，培训与指导结合，活动与育人结合”的工作原则，制定了“以优化课程建设为渠道，以经典诵读活动为引领，以教师和测试员为保障，以普通话培训测试为抓手”的工作思路，坚持解放思想、求真务实、与时俱进，以高度的责任感和使命感，开拓创新，奋发进取，无私奉献，全力推进高校的语言文字工作。

二、优化课程建设，加强语言研究，服务地域文化

德州学院党委、校行政高度重视语言文字工作，将其与思想道德建设、校园文化建设、教学质量建设、精神文明建设紧密结合起来，将其纳入学校的人才培养方案，贯穿于教书育人的全过程，落实到科学研究、社会服务、传承文明的各个领域。

德州学院为实现“创新性应用型”的人才培养目标，着力搭建“厚基础、强实践、求创新、高素养、重责任”的培养平台，把讲说普通话、书写规范字列为培养学生综合素质的重要指标之一，把语言文字教育纳入人才培养方案体现在教学大纲中。学校开设“大学语文”“普通话”“中国传统文化”“应用文写作”“硬笔书法训练”“书法赏析”等课程。这些课程作为公共选修课，供学生选修。其中“大学语文”和“应用文写作”由公共选修课任选改为必选，要求每一名学生都要学习其中一门，提高素养。中文系组织教师集体备课，确定教学内容，制订教学计划，编写的《大学语文》教材荣获“山东省优秀教材”二等奖。

针对大学生思维活跃、紧跟潮流的特点，学校安排专门人员与学生沟通，了解新词语、流行语、网络语言、外来语的使用情况，组织高层次人才、普通话测试员，依据《国家通用语言文字法》等有关的制度法规，研究其合理

性、科学性、应用性，找出合理的、有生命力的成分，撰写文章，提出建议，丰富国家通用语言文字的词汇系统及表达手段，引导其在学校、社会规范使用。中文系蒋万宇同学的毕业论文《浅析网络中的“丑态传播”现象》（指导教师黄雯）获2011年山东省优秀学士论文。

德州学院高度重视地方历史、地方文化，组织专家对本地的历史、文化进行研究，充分挖掘，找出地方历史文化中的经典、名人，通过编写著作、学者论坛等方式，在各类媒体进行宣传，使广大市民接受文化传承教育。学校编写的“德州地域文化研究丛书（第一辑）”已出版发行，包括《德州地域文化概论》《德州方言实录与研究》《德州历代名人》《德州运河文化》《德州饮食文化》等12册图书，分别从德州的文化特性、世家名人、运河文化、饮食文化四方面对德州的地域文化进行了研究，促进了地域历史文化元素融入城市建设，第二辑编写工作已经开始。学校的专家、教授在电视台讲解德州历史文化、名人，受到听众的欢迎。

三、诵读经典名作，创新诵读载体，丰富诵读活动

“中华诵·经典诵读”行动是教育部、国家语委、中央文明办联合组织倡导的系列活动，目的是弘扬中华优秀文化传统，传承民族精神，树立社会主义核心价值体系和提高语言文字应用能力，主旨为“雅言传承文明，经典浸润人生”。德州学院作为全国“中华颂·经典诵读行动”试点学校，通过“加强诵读组织建设，建立长效保障机制，开设经典课程体系，完善人才培养方案，创新经典诵读载体，开展诵读系列活动，培育经典诵读师资，优化校园育人环境”等措施，通过诵读浸润，启迪学生人生，养成其博大宽厚思想人格，熔铸出生命的深度和高度，达到了使广大学生“诵读经典、理解经典、喜欢经典、传承经典”的工作目标。

学校成立“中华诵·经典诵读行动”领导小组，校语委主任、副院长担任组长，教务处处长担任副组长，小组成员由教务处、学生处、宣传部、团委、工会负责人和各院系党总支书记组成。领导小组统一规划部署试点工作，明

确责任单位,建立协调机制,多次召开会议研究部署工作。学校投入30万元经费建设课程,开展活动,组织竞赛,以保障经典诵读行动落到实处。

德州学院将经典诵读行动纳入学生培养的“高素养”平台,在“大学语文”“普通话”等课程中融入经典诵读内容,在汉语言文学、新闻学、对外汉语、英语、法学以及师范类专业的教学计划中,增设经典诵读能力训练的实践性教学环节。强化汉语言文学专业学生的经典诵读能力训练,让他们了解经典,爱上经典;能够高水平地诵读经典;将来担任教师可以引导更多的孩子喜爱经典,延伸参与经典诵读的人群,培养具备社会主义核心价值体系的接班人。

学校充分依托学校教育资源和优势,发挥广大师生的积极性、主动性和创造性,以相关课程、课外活动及校园文化建设为载体和平台,通过开展学生“万人诵经典”、教职工诵读经典大赛、“经典诵读行动”周、“经典诵读”讲座、“普通话诊所”辅导、学生经典诵读比赛等活动,积极实施“中华诵·经典诵读行动”,使其在弘扬中华优秀文化传统、传承民族精神和树立社会主义核心价值体系及高校语言文字应用能力等方面发挥重要作用。

尤其值得一提的是,学校注重对留学生开展诵读经典工作,由国家级测试员对留学生进行一字一句的指导,解释经典内容,诠释经典内涵,教授其发声的方法、语句的抑扬顿挫,使其了解中华文化博大精深的丰富内涵、中华民族自强不息的精神追求,掌握中华经典的学习方法。留学生耐心求教,反复练习,加深了对中国文化的理解,提高了诵读经典的能力。

学校积极与地方文化部门联系,于2012年5月12日在德州学院成立了德州市吟诵学会。吟诵作为一种传统的诵读方式、古典诗文的创作方法,其历史源远流长,是我国宝贵的传统文化遗产。它可以让国人重新感受自己的诗歌、文化、母语,重新审视传统文化的精髓,唤起每个人内心最深刻的民族归属感,成为在大学实施传统文化教育的载体。吟诵学会的成立,为学校开展吟诵活动,培养吟诵后备人才,传习雅言之道,养成君子之风,提升大学校园文化的品位打下了坚实基础。

四、强化队伍建设，明确发展方向，完善制度保障

高校语言文字工作有着得天独厚的优势：一是有从事现代汉语研究的高学历、高职称的高层次研究人才，二是有愿意从事语言文字工作的普通话水平测试员。测试员队伍是语言文字工作的主力军，因此其队伍建设尤其重要。德州学院为让测试员在计算机辅助普通话水平测试背景下发挥更大的作用，出台制度，认真规划，强化管理，热心服务，积极引导，关注测试员的成长；加强外出培训，增强测试员的可持续发展能力，明确测试员的语言文字工作方向，从而推动学校语言文字工作的健康发展。

为强化测试员队伍建设，德州学院组织测试员定期参加省语委办组织的测试培训会议，提高测试质量；构建普通话水平测试员 QQ 群，积极开展校内测试员的研讨会、座谈会、培训会，进一步提升测试员的专业素质。我们注重培养测试员的四种能力：

1. 专业技能。包括标准的普通话，较强的听辨能力，较好的语音分析、测评能力和简单的算术能力。真正做到熟练掌握标准，判断正误准确评分，定级合理。

2. 工作能力。包括测试能力、交际和组织能力。面对复杂的语音信息时，能够保持稳定的评判状态，充分发挥主观能动性，对测试评分细则有深入的理解和把握，有很好的语言感知能力。

3. 教学能力。熟悉和掌握普通话的基础语音知识，通过对学生语音错误的纠正，可以更好地了解普通话和方言的对应规律；通过对学生的朗读训练，可以更好地把握文章的停顿和流畅度。

4. 学术研究能力。具备较深厚的语音学知识、丰富的测试和教学经验、善于观察发现和记录分析测试中遇到的问题，具有较强的逻辑思维能力，对自己所研究的领域现状有较全面的了解。

在计算机辅助普通话水平测试的新形势下，通过分析研究，我们为测试员明确了八个语言文字工作方向："全国推广普通话宣传周"的宣传员、"经

典诵读”的讲解员、普通话培训课的辅导员、“普通话诊所”的诊断员、语言文字网站的建设员、服务地方的推普员、地方方言的保护员、语言现象的研究员。测试员根据自身的特点选取目标，努力工作，拼搏进取。

为加强测试员管理，学校修订出台了《普通话水平测试员工作管理办法》《普通话水平测试员选送培养管理办法》《测试员测试质量检查制度》等规章制度，对每位测试员的工作态度、测试能力、测试工作量、遵守工作纪律情况进行评估，对不认真工作的测试员进行教育督促，对测试能力不够的测试员组织培训，同时对工作成绩显著的测试员给予物质和精神奖励。

五、规范培训测试，细化工作流程，注重测试成效

普通话水平测试是推广普通话的重要抓手，是学校语言文字工作中的重点。计算机辅助普通话水平测试是普通话测试的新形式。德州学院坚持“以测促训，以训保测”的指导思想，按照《普通话水平测试规程》和《普通话水平测试管理规定》，制定了《计算机辅助普通话水平测试操作规程(实行)》等文件，狠抓考试管理，制定考试规范。具体包括以下内容：

1.考前培训规范化。具体包括两项内容：考生培训的规范化，培训采用集中培训、自主培训、“普通话诊所”三种形式；考务人员培训的规范化，考试前三天召开会议对考试组织人员、技术人员、监考人员进行相关内容的培训与学习。

2.组织考试的规范化。具体包括八项内容：报名考试的规范化、信息采集的规范化、考点安排的规范化、考场设备的规范化、考试流程的规范化、人员职责的规范化、考场管理的规范化、考试作弊处理的规范化。规范化要求涉及考试的每一个环节，易于操作，便于实施，有效地提高了考试秩序和考试质量。

考后管理包括成绩评阅的规范化和证书档案管理的规范化两项内容。在计算机辅助普通话水平测试背景下，由于测试员没有前三项语音或成绩参照，对 3 分钟的第四项“说话”进行成绩评定有很大难度，学校要求测试员

要反复听二至三遍，针对评审出现的成绩差异情况，明确了规范要求和复听程序，提高了成绩判定的准确性。整个考试结束后，及时对报名表、考试安排表、考试时间安排表、考试流程图、考场规则、监考员守则、岗位工作人员职责、试卷、考场记录单、缺考考生登记表、违纪考生情况记录表、第四项“说话”评分记录表、应试人成绩单、考试成绩分级统计表、证书发放登记表等文书档案和相关的电子档案整理存档。

考试结束后，普通话测试站人员对学生成绩进行分析和统计，对于成绩优秀的学生，鼓励其参加学校的吟诵协会、诵读协会，推荐其到学校的广播台担任播音员，跟随普通话测试员参加推普活动，发挥特长，展现才能，提高兴趣；对于成绩不理想的学生，邀请其到“普通话诊所”，和诊所的测试员一对一建立联系。测试员通过对学生讲说普通话方面存在问题的了解，指出其存在的“病症”，并开出“药方”，帮助学生提高普通话水平，真正起到推广普通话的作用，有效提高了普通话测试的过关率。

六、工作热情高涨，工作成效明显，育人效果显著

德州学院语言文字工作人员热爱语言文字事业，开拓思路，认真谋划，满怀热情，积极工作，认真完成省语委部署的各项工作，组织开展系列语言文字活动，并取得部分成果：

2007 年，德州学院荣获“全国语言文字工作先进集体”荣誉称号；2010 年，德州学院被国家语委确定为“经典诵读”试点高校；在 2011 年“中华诵·2011 经典诵读大赛”全国比赛中，学校 1 项作品荣获集体组三等奖、3 项作品荣获优秀奖；在山东省选拔赛中，学校荣获最佳组织单位奖，4 项作品荣获一等奖，4 件作品荣获二等奖；在 2011 年山东省语言文字工作优秀论文、教学录像和课件评选活动中，《高校计算机辅助普通话水平测试规范化研究》等 3 项作品获得一等奖，《凤凰台上忆吹箫》等 3 项作品获得二等奖，《提高地方高校普通话教学质量的思考与实践》等 3 项作品获得三等奖；自主开发的“普通话信息采集辅助软件”在全省推广应用，得到省语委办负责人及

各测试站的高度认可；承担省语委办科研课题 1 项，发表研究论文 4 篇。

同时，通过语言文字工作系列活动的开展，德州学院精神文明建设、校园文化建设取得明显成效，涌现出许多典型。如：音乐系 2009 级学生刘金元和邹君心系社会、关爱他人，在返回学校的路上，共同救助了一位摔伤老人，德州电视台《直播德州》栏目对此事进行了报道。医学系 20 余名学生志愿者到博爱养老院，为老人们送去节日问候。体育学院 10 名大学生深入农村，开展“镜头记录新农村”社会实践活动，被“中国大学生在线”等媒体报道。汽车工程系走进社区，举办了红歌会。经济管理系 60 多名大学生志愿者和环卫工人一起上街清扫，积极参与创卫。这表明，德州学院学生社会主义核心价值体系得到强化，以爱国主义为核心的民族精神得到增强，社会主义荣辱观明晰、正确，勇于奉献、乐于助人的精神得到提升，更加明确了自身的社会责任，文化素质、道德修养有了很大提高，学校的育人效果明显。

德州学院语言文字工作具体见图 6-5。

德州学院语言文字工作简图

学校推广普通话内容

校内推广	纳入人才培养方案（大学语文）
	纳入课程教学大纲（大学语文和普通话）
	纳入常规管理（学生管理规定、学籍管理规定、教师教学规范）
	纳入技能训练
	渗透到学校教育教学活动和校园文化建设
	经典诵读行动
	“推普周”
	制度建设
	普通话测试培训
	“普通话诊所”
	语言文字网
社会推广	宏观服务地方
	微观服务地方
	建立地方语音库，处理好普通话与保留方言的关系
研究推广	研究新的语言现象，通过网络、媒介推广
传承推广	挖掘传统历史文化，传承美德，推广语言文化

测试规范化环节内容

考前培训	考生培训
	监考、考务培训
组织考试	报名考试
	信息采集
	考点安排
	考场设备
	考试流程
	人员职责
	考场管理
	考试作弊处理
成绩评阅	成绩评阅
证书档案管理	证书档案管理

测试员管理规范化

“全国推广普通话宣传周”的宣传员
“经典诵读”的讲解员
普通话培训课的辅导员
“普通话诊所”的诊断员
语言文字网站的建设员
服务地方的推普员
地方方言的保护员
语言现象的研究员

开展“中华诵·经典诵读”行动
——————学校推广普通话应用之一

加强诵读组织建设、建立长效保障机制	
开设经典课程体系、完善人才培养方案	
创新经典诵读载体	学生“万人诵经典”，拓展学生参与面
	教师诵读强师德，提高教师积极性
开展诵读系列活动	“经典诵读行动”周，强化推进掀热潮
	“经典诵读”辅导课，丰富内涵升水平
	“普通话诊所”一对一，分类辅导同提高
	校内诵读选拔赛，创先争优建精品
培育经典诵读师资、优化校园育人环境	

图6-5　德州学院语言文字工作图

第四节 “一体两翼”大学生母语素质教育及提高模式的效果

通过“一体两翼”大学生母语素质教育及提高模式的实施，人才培养质量明显提高，学生的表达能力、礼貌礼仪、知识视野等方面表现突出，毕业生在就业面试、硕士研究生复试面试环节和公务员考试面试环节成功率明显提高。近几年，学生发表文学作品130多篇，学术论文200多篇。荣获全国经典诵读比赛三等奖1项、优秀奖2项，山东省经典诵读比赛一等奖9项、二等奖5项、三等奖4项的好成绩，尤其是吟诵节目在山东省“诵经典爱中华”优秀节目展演中的精彩亮相，获得专家和观众的高度认可。以下为德州学院开展“一体两翼”大学生母语素质教育及提高的纪实活动。

一、德州学院学生参加全国“中华魂”(中华美德颂)主题教育活动获佳绩

由中国关心下一代工作委员会、教育部关心下一代工作委员会等单位共同举办的全国“中华魂”主题教育活动20周年表彰大会于2014年7月16日上午在人民大会堂隆重举行。中关工委顾问何鲁丽，中关工委主任顾秀莲、常务副主任兼秘书长杨志海，新闻出版广电总局党组书记蒋建国，中关工委副主任、教育部关工委主任田淑兰等领导出席了会议，并为先进单位个人颁奖。来自云南、安徽、内蒙等10多个省市的学生代表以及在“中华魂”主题教育活动开展20年中做出突出贡献的先进单位和先进个人代表共400余人参加了表彰会，德州学院关工委办公室负责人参加了会议。德州学院共有5名学生获得表彰：历史与社会管理学院的蔚承辉同学荣获全国“中华魂”(中华美德颂)主题教育活动一等奖，历史与社会管理学院的李瑞杰同学、生命科学学院的陈兵同学荣获二等奖，外国语学院的苏晓乐、经济管理学院的马振云同学荣获三等奖。

“中华魂”主题教育活动由中国关工委、教育部关工委联合组织。活动坚持以社会主义核心价值体系为根本，以立德树人为活动宗旨，用鲜明的主题、鲜活的内容吸引无数的青少年，帮助他们继承和弘扬中华传统美德，增强民族自尊心、自信心和自豪感，引导青少年树立崇高的理想。“中华魂”主题教育活动已经成为全国思想政治道德建设的优秀品牌。

会上，顾秀莲和蒋建国分别发表讲话，对“中华魂”主题教育活动开展20周年取得的喜人成果表示祝贺，对这项活动在青少年思想道德建设方面所起到的重要作用和取得的成绩予以了充分肯定。顾主任在讲话中提出三点意见：一是进一步增强读书育人的使命感，更好地发挥品牌活动的影响力；二是加强品牌活动的宣传力度和组织领导，搞好品牌活动的前瞻性研究；三是要继续把巩固现有成绩与推广先进经验、扩大活动覆盖面有机地结合起来，继续发挥好老同志在活动中的主导和示范作用，继续利用学校、企业、社区、监所、家庭等阵地传播信念，铸就灵魂，点亮理想，传承事业，进一步增强“中华魂”主题教育活动的时效性。她希望孩子们积极参与到“中华魂”主题教育活动中来，牢记习总书记的嘱托，从现在做起，从自己做起，勤学、修德、明辨、笃实，使社会主义核心价值观成为自己的基本遵循，并身体力行大力将其推广到全社会中去，努力在实现中国梦的伟大实践中创造自己的精彩人生。

会上，北京发行集团总经理李湛军介绍了“中华魂”主题教育活动20年的发展历程，获奖单位代表介绍了多年来开展“中华魂”主题教育活动的先进经验，优秀学生代表讲述了自己参加“中华魂”主题教育活动所收到的教育和启迪，介绍了伴随活动健康成长、改变自己人生之路的经历和对党的忠诚。

德州学院关工委2013年首次组织开展了“中华魂”主题教育活动，通过读书、征文、吟诵等一系列丰富多彩的活动，使“中华魂”主题教育更加贴近时代脉搏，贴近青年学生的思想、生活和实际，读书育人成效显著。此次获奖是对德州学院关工委工作的肯定和激励，校关工委将紧紧围绕学校中心工作，坚持以立德树人为根本任务，以社会主义核心价值体系教育为主线，健全工作组织，完善工作机制，拓宽工作平台，强化工作成效，为高校育人事业做出更大的贡献。

二、教育科学学院大学生暑期“三下乡”支教留守儿童

2014年8月11日，教育科学学院“三下乡”志愿者第四分队来到山东省招远市张星镇开展以“播种爱的幼苗，传播爱的种子”为主题的留守儿童支教活动。

活动中，志愿者首先了解了留守儿童的现状，得知他们大部分跟着年迈的爷爷奶奶生活，但爷爷奶奶在暑假怕发生意外便要求孩子只能在家玩耍。于是志愿者在指导孩子们学习之余，针对孩子们喜欢小动物的实际情况，通过教孩子们画动物的简笔画并讲述动物与动物之间、动物与人之间的故事，让他们感受自己和小动物之间的爱，更加珍惜与小动物之间的“友谊”，培养了孩子们的爱心，为他们的健康成长打下坚实基础。

三、文学院柳湖吟诵团学生向本院教师节日献礼

2014年9月9日下午，在第二十九个教师节来临之际，文学与新闻传播学院“柳湖吟诵团”的同学们身着汉服，在本院会议室为教师们献上了一份别开生面的礼物：

当日下午，我院柳湖吟诵团的男生着汉服直裾，女生着汉服曲裾，为我院教师献上了一份特别的谢恩仪式。仪式分三部分进行：第一部分为“谢恩”环节，学生以行礼的方式向老师表达感恩之情。第二部分为“吟诵诗歌”环节，学生齐诵《诗经·木瓜》，以谢师恩。第三部分为“诵读谢辞”环节，社团学生将自己对学校、对老师的感恩之情写为古文，齐声诵读，传达对老师们的敬爱之情。

中华民族是一个尊师重教的民族，教师节的目的也是为了宣传尊师重教的理念，让整个社会尊重教师，弘扬中华民族的这种传统美德。“柳湖社团”的谢师仪式不仅表现出了学子们对教师的尊重和感恩，还充分展现了教师节的真正内涵，弘扬了中国的传统文化。

四、德州学院第17届推广普通话宣传周活动开始

2014年9月15日，德州学院第17届推广普通话宣传周活动正式开始。

本届推普周活动的宣传主题是:“说好普通话,圆梦你我他”。时间为9月15日至9月21日。

本届“推普周”,教务处组织开展了更多丰富多彩的宣传活动,全体学生和教师踊跃参加。活动的主要内容为:

1.在学校广场电子屏上播放第17届推普周宣传片和主题标语。

2.在校园的宣传栏、图书馆、各学院资料室、食堂、宿舍区张贴第17届全国推广普通话宣传周宣传海报,积极营造讲说普通话、书写规范字、诵读经典作品的良好氛围。

3.开办“普通话诊所”。德州学院选派8名测试员担任“坐诊医生”,于9月15～21日期间在地理实验楼一楼对学生进行普通话模拟测试,了解学生讲说普通话存在的问题,指出其存在的“病症”,开出“药方”,帮助学生提高普通话水平。

4.举办“普通话”宣传推广活动。9月16日下午,德州学院选派3名测试员和6名学生分别在综合楼前和体育馆前、理科公教楼前发放“德州学院第17届全国推广普通话宣传周材料”,并宣传和推广普通话知识。

5.举办2014级新生普通话知识讲座。德州学院于9月16日和18日19:00在理科公教楼4013教室举办普通话知识讲座,积极向2014级新生宣传《国家通用语言文字法》和《山东省实施〈国家通用语言文字法〉办法》,普及语言文字知识,推广普通话,提高大学生的语言文字能力。

推普周期间系列活动的开展,旨在让更多的学生明确规范使用国家通用语言文字的重要性和必要性,使广大学生牢固树立规范使用国家通用语言文字的意识,说好普通话,进一步推进德州学院的校园文化建设。

五、文学与新闻传播学院创办德州市首所周末义学“董子书院”

2014年9月28日上午,由德州学院文学与新闻传播学院杨华老师及其柳湖吟诵团创办的“董子书院”,在古色古香的董子文化街举行开学典礼。这也是在各届热心人士的协助下建立的德州市第一所周末义学。

典礼上,全体师生身着汉服,随着鼓乐声起,众人向北恭立,祭天地,敬先贤,拜董子,而后礼毕,众人齐诵《论语》。

董子书院将以"传承礼乐文明,亲近经典,吟诵诗文"为办学宗旨,以"培育新一代书香门第掌门人,振兴家教"为主要任务,以建设"书香德州,有德之州"为目的。义学伊始,已收到由中华书局捐赠的《中华经典素读本》三年级上、下册各100本。

六、思政部开展校外实践活动,弘扬传统文化,普及普通话和规范字

弘扬传统文化、普及普通话和规范字是传承中华文明的需要。大学生不仅自身要做到弘扬传统文化、普及普通话和规范字,还负有影响和辐射更多人的责任。

2014年暑期以来,思政部在思想政治校外实践平台中,充分利用大学生校外社会实践的机会开展相关的活动。在中小学实践教学基地中,大学生以弘扬传统文化为主题,以节假日为切入点,相继开展了以感恩教育、生态文明教育、清明文化教育、励志教育、爱国主义教育、弘扬五四精神等培育和践行社会主义核心价值观的系列活动,将优秀传统文化融入思想政治教育平台建设中。这些活动增强了思想政治教育的吸引力、渗透力和影响力,使思想政治教育形式生动活泼,较好地产生了润物细无声的作用。"大手牵小手"实践活动的开展不仅提高了大学生的社会实践能力,也易于被中小学学生接受,让他们在不知不觉中受到熏染。

同时,在校外实践中践行大学生大力推行、积极普及、逐步提高普通话的理念,积极开展文字规范化活动,将其渗透到社会实践的教育教学活动中,既培育了一批普及普通话和语言文字规范化的学习标兵,又纠正了乡村初级中小学的学生地方口音,使当地学生熟练地书写规范的现代简体汉字。截至2016年,思想政治平台已经开展活动20余次,普及传统文化、普通话、规范字达16000余人次。

七、大外部开展"传承和弘扬中华优秀传统文化"主题教育活动

2014年9月29日,大学外语教学部在全体教师中开展了"传承和弘扬中华优秀传统文化"主题教育活动。

活动利用《弟子规》等优秀传统文化教育资源，通过“读”“诵”“讲”“写”等丰富多彩的形式，如“中华传统文化”宣讲、“中华传统文化”主题征文、“感悟国学经典诵读比赛”等，解读“中华传统文化”的历史底蕴和时代内涵。此次活动旨在引导教师感受传统文化魅力，接受传统文化洗礼，全力打造“文明、高雅、健康、和谐”的大外部文化。

八、德州学院开展烈士纪念日相关纪念活动

2014 年 8 月 31 日，第十二届全国人民代表大会常务委员会第十次会议决定将 9 月 30 日设立为烈士纪念日。德州学院积极响应省委办公厅、省政府办公厅、省军区政治部关于做好烈士纪念日纪念活动的号召，结合团中央《关于在大中学生中开展烈士纪念日相关纪念活动的通知》要求，于 9 月 25～30 日，以连点、线、面相结合的方式组织开展了系列纪念活动，旨在通过缅怀烈士功绩，弘扬烈士精神，引导青年学生自觉践行社会主义核心价值观，为实现中国梦而不断奋斗。

1.开展仪式教育活动

9 月 30 日，党委宣传部和团委开展了烈士纪念日主题教育活动。上午 9 时 30 分，100 名青年志愿者代表齐聚综合楼前，通过电子屏幕观看向人民英雄敬献花篮仪式。10 时，军乐团奏响《义勇军进行曲》。伴随着庄严高亢的旋律，青年志愿者们齐声高唱中华人民共和国国歌。国歌奏毕，全场肃立，志愿者神情凝重，手持“缅怀英烈”四个大字，同全国各族人民一起向为中国人民的解放事业和共和国建设事业英勇献身的烈士默哀。

2.开展网上祭奠活动

在烈士纪念日当天，党委宣传部和团委发动各学院、学生会、志年志愿者等学生组织依托国家公祭网、青少年爱国主义网和“血铸中华”“民族魂”等专题网站以及各级学团组织的新媒体平台，广泛组织动员学生参与网上献花、留言、点蜡烛等祭奠烈士、缅怀先烈的活动。此外，团委还通过官方微博微信等网络平台发布烈士纪念日专题宣传，宣传和普及烈士英雄事迹，鼓励学生充分参与话题讨论，营造学习烈士精神的浓厚氛围。

3.利用新媒体开展“我和国旗合个影”等主题活动

9月初,党委宣传部和团委结合新生入学,在全校范围内开展了我为核心价值观代言的网络宣传活动。在校团委官方微博参与推出了“我为核心价值观代言”“我与国旗合个影”和“微直播迎新进行时”等线上活动,倡议同学们“拍张与五星红旗的合影,写下对祖国的祝福,用我们的微博传递一个声音:我爱你,中国”活动推出后,吸引了青年学生的踊跃参与,短短几天时间,话题点阅量超过2万,并在持续升温中。

4.开展“宣传烈士事迹、弘扬烈士精神”主题团日活动

在烈士纪念日前后,各学院围绕“庆祝新中国65华诞青春,践行核心价值观”主题,通过签名、点蜡烛、走进烈士陵园、开展志愿服务等主题团日活动,在青年学生中广泛开展了宣传烈士英雄事迹、弘扬烈士英雄精神的活动。

九、文学与新闻传播学院创办的董子书院举行开学第一课

2014年10月12日上午,由德州学院文学与新闻传播学院创办的首所周末义学——董子书院如期开课,当天共有50多位来自各行各业的社会人士加入到对经典的学习中。

课堂上,优雅而质朴的声音,恭敬而端庄的揖礼将在场的人带入了传统礼仪情境。一首“柳湖吟诵团”的《诗经·木瓜》完整地表达了其传播经典的宗旨;《百家姓》的节奏和韵律吟出了民族大家庭的喜悦和欢快;而吟诵中华开蒙经典作品《三字经》时,则把“善之根”与“性之本”藏在朴实的语言中,使童蒙得以养正。临近课堂尾声,杨华老师与大家共同举起手指写就“人”字,将其深深地印入每一位学员的心中。

十、思政部开展“扎根齐鲁增强文化自信,心怀德院提升文化自觉”实践活动

2014年10月12日,思政部组织150余名大学生开展“扎根齐鲁增强文化自信,心怀德院提升文化自觉”走进山东省博物馆实践教育活动。

为庆祝祖国65周年华诞,进一步加强大学生的爱国情怀,思政部特组

织本次活动。在省博物馆，大学生们参观了大汶口文化、佛教造像艺术展、汉代画像艺术展、话说考古和考古成果展等展厅，感受了齐鲁文化的博大精深。在长达两个多小时的参观中，同学们仿佛穿越了几千年的时光，在从华夏诞生时的古老文明到两汉先秦的隋唐盛世的时代变迁中，一同领略了齐鲁大地上那厚重的历史积淀与浓郁的人文情怀。此次活动，使大学生们对山东的历史文化有了进一步的了解，增强了他们的文化自信与爱国情怀，进一步提升了他们为祖国努力学习的动力。

十一、信息管理学院积极开展“学风建设月”活动

2014 年 12 月 31 日，为进一步引导学生勤学、善学、乐学，信息管理学院积极响应学校开展“学风建设月”的号召，立足实际，通过组织形式多样的活动，努力营造良好的学风和考风。

活动中，各班组织举行了“学风建设”主题班会。围绕“发现身边的不良学习习惯”“如何提高学习效率”“如何创建优良学风宿舍(班级/学院)”等议题进行讨论，增强学生自主性、创造性学习的意识，并在各班级、各宿舍之间形成“找差距，学先进，赶先进”的良好局面。

同时，认真抓好学生日常考勤，强化考风考纪教育。各班认真做好考勤记录，严禁学生无故旷课，杜绝迟到、早退现象；每位同学都要签订信息管理学院学生诚信考试承诺书，引导学生端正考风，杜绝考试作弊行为。

此外，还注意发挥成绩优秀学生、学生干部的带头作用。各班组织了优秀学生学习经验交流会，为同学之间共享学习经验、共同进步提供了平台，有利于学生提高学习兴趣，营造良好的学习风气；对个别学习困难学生进行重点帮扶，通过“一对一”的形式，深入持久开展帮扶活动。

十二、思政部开展普及传统，践行社会主义核心价值观大型支教活动

2015 年 3 月 28 日，思政部为普及中国传统文化、培育和践行社会主义核心价值观，创新人才培养模式，组织 300 余名大学生分别走进陵城区前孙初级中学、武城李家户文和小学、乐陵市实验中学以及经济开发区赵虎中学四所实践基地进行大型支教活动。

此次支教活动以清明文化和感恩励志为主题，来自于不同学院的大学生们在思政部教师的指导下，利用所知所学精心准备课件，为中小学生们上了一堂堂精彩丰富的主题教育课。

课堂上，大学生们通过讲解清明知识、文明祭扫和励志人物、榜样故事，向中小学生宣传清明文化、传递社会正能量。中小学生和大学生在课堂上形成良好互动，在课下互相交流学习心得，形成了良好的教学相长的学习氛围。这种不同于传统说教的教学方式，开拓了中小学生的视野，让他们在快乐中学习，在激励中成长。

此次实践活动使大学生们进一步提升了自身的社会实践能力，同时，也巩固了德州学院社科实践平台的建设，加深了德州学院与各实践基地的交流与合作，使校校协同育人、互利共赢的制度化、常态化局面更近一步。

十三、召开大学语文教学研讨会

2015 年 3 月 31 日下午，文学院召开了大学语文教学研讨会。姜山秀院长和本学期所有大学语文任课教师参加了会议。大家围绕大学语文课堂教学、作业评改、考试评价、学生管育、讲授篇目调整、备课资源共享、教学班额调配等议题，展开了充分讨论，就大学语文课程的建设和改革，作出了初步规划。

大学语文课程作为全校开设的公共限选课，在德州学院的人文素质教育和校园文化建设中，发挥着重要作用。研讨会上，老师们一致表示，继续坚守人文化育的终极目标，勤勉从事，力争把大学语文教学工作提升到一个新的水准。

十四、思政部开展“扬先烈精神，颂爱国情怀”烈士陵园参观考察活动

2015 年 3 月 31 日，思政部为扬先烈精神、颂爱国情怀，培育和践行社会主义核心价值观，组织师生 130 余人参观了德州市烈士陵园纪念馆。

此次参观考察活动以“扬先烈精神，颂爱国情怀”为主题，来自于不同学院的大学生们在烈士陵园工作人员的带领下对德州市烈士陵园纪念馆进行了参观。同学们认真观看了馆内珍藏的革命者遗物、英烈们生前用过的物品，大量珍贵的图片、文字资料，使大家加深了对今日幸福生活来之不易的理解，增加了对革命先烈们救亡图存、为中国人民的解放事业浴血奋斗的崇敬之情。革命先烈的光辉事迹感染着在场的每一个人。参观结束后，“青春助梦行”大学生实践协会的成员对烈士陵园纪念馆进行了打扫，对烈士的墓碑也进行了清扫，表达了他们对烈士的敬意。

通过开展此项活动，大学生们深刻感悟到爱国主义的深刻含义，进一步提升了自身的社会实践能力，同时，也巩固了德州学院社科实践平台的建设，加深了德州学院与各实践基地的交流与合作。

十五、经济管理学院开展“加强班风建设，共创文明校园”主题活动

2015 年 4 月 1 日，为提高大学生的文明素质，加强班风建设，经济管理学院开展了以“用文明浸润心灵，用文化滋养精神，打造优秀育人班级环境”为主题的班风建设活动。

经管学院以班级文明建设为重点，加强学风建设，建设富有特色班级文化，全面提高学生文明素养和综合素质。同学们通过“书香寝室”评比活动、拍摄班级创意微电影、班内“一站到底”趣味知识竞赛和“你来比划我来猜”成语竞猜等活动，加强了同学对班级建设的参与力度，班级学习氛围也得到了进一步提高。

十六、思政部组织大学生“三进”基层开展常态化实践教育活动

2015 年 4 月 18 日上午，思政部组织百余名大学生走进德州市特殊教育学校、德州市社会福利院、南龙社区，分别开展了以“关爱地球，共同成长”“心系心手牵手，爱换爱一起走”“社区服务，爱心相助”等为主题的系列实践活动。

活动中，德州学院大学生以“地球日”为背景，从语文和英语不同的角度为特殊教育学校的孩子们分别进行了以“趣味课堂和拓展视野”为方向的相关知识讲解，为福利院的孩子们解答作业难题、分享生活中有趣的事及解决学习中的疑惑，为南龙社区的抑郁症患者和贫困小学生开展了心理疏导、情感交流、疑难解答等活动，部分大学生还为“创卫”——社区卫生献言献策，提出了自己的意见与建议,并做了志愿服务,献出了自己的一份爱心。活动中,大学生与基地孩子们积极交流,共享心声,深受基地孩子与负责人的欢迎,并得到了他们的高度评价。

德州市特殊教育学校、德州市社会福利院、南龙社区是思政部的常态化实践基地,思政部每周都派学生深入基地开展活动。各项活动不仅加深了德州学院与课外实践基地的交流,而且锻炼了德州学院大学生,彰显了大学生的风采。在常态化与制度化的发展中,思政部会进一步开展各项活动,使每一个基地的活动内容及形式各自形成系统化的实践教育模式,在长期有效的活动开展中让更多的大学生参与进来。

十七、经济管理学院开展"每周一本好书"微信推荐活动

2015 年 5 月 1 日,经济管理学院基于微信公共平台开展了"每周一本好书"推荐活动。

经管学院通过广泛征集学生的推荐,每周精选一本好书,定期在经管宣传平台推送。微信平台简要介绍作品内容、读者热评及作者相关信息等内容,引导大家在学习之余广泛阅读,让阅读成为习惯,让书香净化心灵。

好书推荐活动让学生养成热爱阅读的良好习惯,在潜移默化中提高文化素养、修身养性,同时也有助于经济管理学院优良学风的形成。

十八、德州学院参加全国语文规范化知识大赛获得佳绩

2015 年 5 月 1 日,第十一届全国语文规范化知识大赛成绩公布,德州学院荣获大学组一等奖 1 项、二等奖 1 项、优胜奖 16 项,4 名指导教师荣获优秀指导奖。

此项大赛是由教育部语言文字应用管理司、中国教育学会等单位主办,以宣传《中华人民共和国国家通用语言文字法》、提升国民语言文字应用能力、提高全社会语言文字规范化水平、构建和谐语言生活为宗旨,每年举行一次。

近年来,学校高度重视推进语言文字规范化工作,积极参加此项大赛,通过赛事的参加切实提高了德州学院师范类学生的专业素养和语言规范化水平。

十九、韩国水原大学代表团来校参加中韩创新创业文化周活动

2015 年 5 月 11 日，韩国水原大学教授、韩国水原科学大学特聘教授金东莹、临沂大学于明江博士一行应邀来德州学院参加中韩创新创业文化周活动。

下午，金东莹教授在新理科楼 4009 室为德州学院学生作了关于韩国大学生创新创业的专题讲座。讲座中，金教授围绕大学生创业动机、韩国大学生如何创新创业、未来创业领域基本情况、减少创业失败的方法及政府支持政策等进行了详细讲解，分析了目前全球就业形势、存在的问题及就业形势等，结合韩国大学生成功创业案例介绍了韩国大学生如何寻找渠道及创业等。

机电工程学院相关负责人、国际处有关人员及全校 300 余名学生参加了讲座。

二十、中华吟诵学会秘书长徐健顺来校举办国学教育系列讲座

应文学与新闻传播学院邀请，中华吟诵学会秘书长、首都师范大学中国国学教育学院培训部主任徐健顺老师于 2015 年 5 月 23 日晚来德州学院，在综合楼四楼报告厅举办了主题为“走近陌生的中国古代教育”的国学教育系列专题讲座。德州学院师生代表，德州市各中、小学语文教师代表参加。

讲座中，徐健顺老师先后对当代学校国学教育的起因、现状及面对的困境、解决的方法展开论述，以轻松幽默的语言，旁征博引，赢得在场人员的阵阵掌声。其中，徐健顺老师重点论述了中国古代教育的体系与方法，从理念、体制、内容、方法等方面一一讲述了中国传统文化教育复兴的教育理念，使听众获益匪浅，也提高了大学生们对中华文化内涵的认识和理解。

二十一、思政部组织大学生开展“爱在蓝天下”福利院庆六一汇演活动

2015 年 5 月 30 日上午，为进一步培育和践行社会主义核心价值观，锻炼大学生的实践能力，为福利院的孩子们带去温暖与欢乐。思政部组织德州学院大学生 30 余名在德州市福利院开展了以“爱在蓝天下”为主题的文艺汇演。

此次文艺演出板块有励志歌曲、情景舞台剧等多种艺术形式，节目共11个。演出中，德州学院的大学生们和福利院的孩子们一起带来了开场舞《小苹果》，瞬间调动了整个演出的气氛，而后带来的琵琶独奏《金蛇狂舞》和话剧《西厢记》更是将演出带进了高潮，最后由福利院的孩子带来的双节棍表演为演出画上了完美的句号。

福利院爱心支教活动是思政部实践教学五大模块中的主要组成部分，每学期大学生都会定期来福利院与孩子们交流，解决他们学习、生活中的疑惑，并不断突出思政部爱心支教的特色。

二十二、柳湖吟诵社团在附属小学建立“戴学忱歌诗实验班”

每周二的下午，德州学院附属小学二楼的楼道，总会传来一阵阵动人的声音，或琴瑟和鸣，或歌声阵阵，这就是德州学院杨华老师带领她的学生，义务创建的全国首个“戴学忱歌诗实验班”。

在此基础上，杨华老师倡议构建了学前歌诗实验班带动学院宝宝歌诗联盟、联盟骨干带动本班、各班学生带动社区的自主学习模式。德州学院、附属小学、周边社区三位一体，形成了稳固的联动体系。附属小学将依托德州学院的文化、教育资源，以“做有根的中国人”为培养目标，开展系列国学学习活动。而戴学忱歌诗实验班和学院宝宝歌诗联盟，也将开启院、校、社区联动协同育人的新篇章。

2015年，“六一”儿童节期间，杨华老师还与“柳湖吟诵团”一起向德州学院附属小学捐赠了《中华吟诵读本——少儿歌诗30首》。该书由中央民族乐团一级演员、中华诗词吟诵研究会副会长、文化部艺术家联谊会理事、李清照学术研究会理事戴学忱主编，中华书局正式出版。

二十三、思政部组织开展“厉行节约，拒绝浪费”进课堂教育宣传活动

2015年6月3日，为响应和助推德州学院节约型校园建设活动，思政部充分利用和发挥自身的思想政治教育优势、课堂中面向大学生的广泛性优势以及每门课程中的部分内容相关性优势，积极组织开展“厉行节约，拒绝浪费”进课堂教育宣传活动。

活动中,任课教师在开课前利用3～5分钟的时间,结合大学生对节约以及节约型校园的认知状况,围绕“厉行节约,拒绝浪费”的目的、意义,俭与廉、俭与德、俭与修身的关系,深入挖掘古今中外的经典轶事或典故,面向广大学生开展一场较为长期的规模空前的且形象生动有效的讲解和宣传活动。

通过讲解,力图使大学生牢固树立起“节约光荣、浪费可耻”的意识,自觉地从“节约一滴水、节约一度电、节约一张纸、节约一粒米”做起,进而在校园中、在广大师生的日常学习生活中,形成人人节约的良好氛围。

二十四、经济管理学院开展“优良学风我助力”活动

为充分发挥新媒体的作用,加强学院与学生之间的交流与沟通,进一步做好学风建设工作,经济管理学院于2015年6月10日正式开通并启用学风建设微信公众平台。该平台通过文字、图片、语音等与用户全方位沟通和互动。

目前,“学风经管”微信公众平台设置“工作动态”“学习资源”“学风墙”三个固定栏目。“工作动态”栏目定期发布通知公告和学生工作动态;“学习资源”栏目为学生提供各种学习素材、教育资源;“学风墙”栏目是开放的交流互动平台,学生可以在学风墙为学风建设献计献策。

经管学院学风建设微信平台的搭建有利于发动学生参与到学风建设中,同时也体现了学院以学生为本、关心学生生活学习的理念。

二十五、纺织服装学院开展暑期贫困生家访活动

2015年8月3日,为进一步了解经济困难学生家庭经济状况及学生受资助后的学习生活情况,扎实推进学生资助工作,纺织服装学院一行四人前往济南、泰安、淄博、聊城等地对部分贫困生进行家访。

在贫困生家里,学院负责人、辅导员与学生家长亲切交谈,对其家庭情况进行了深入了解,详细介绍了相关的学生资助政策,希望家庭经济困难同学体会家长的辛苦,将逆境当作磨砺人生的课堂,努力拼搏,立志自强,增强参与社会竞争的本领,用知识改变命运。学生家长对学校表示感谢,同时表示一定积极配合学校把孩子培养成才，不辜负学校领导、老师们的关怀和期望。

此次家访活动是纺织服装学院学生资助工作中的重要环节，旨在加强学校与家庭、教师与家长之间的联系，让学生能感受到学校的关怀与集体的温暖，以激励他们奋发学习，成长成才。

二十六、思政部开展文明部门创建活动

2015 年 9 月 8 日下午，思政部全体教师认真学习了《德州学院创建文明单位工作实施细则》，通过学习和研讨，大家充分认识到开展文明创建活动的必要性、重要性和可行性。纷纷表示文明单位创建，尤其是在“强化德育工作，创建文明校园”、设置“道德讲堂”“经典诵读”等方面，思想政治理论课教师依托课堂，凭借理论优势，不仅应该有所为，而且能够有所为、必须有所为。

为将文明单位创建工作推向深入，思政部成立了以单位主要负责人为主要成员的领导小组，并制定了文明细胞、文明部门创建活动具体实施要求。为切实达到规范教师文明举止的目的，思政部还设置开展了以教研室为单位、不同教研室结对子、全体成员分队子的互相监督和比赶超竞赛机制，力争使每一成员时时刻刻做到讲文明话、干文明事、做文明人，进而形成和实现以文明细胞建设助推文明部门创建，以细胞文明构建部门文明，以文明部门溶解、提升细胞文明的互建共进机制。

二十七、德州学院第 18 届推广普通话宣传周活动圆满结束

2015 年 9 月 14 日至 9 月 20 日，是全国第 18 届推广普通话宣传周(以下简称“推普周”)。本届推普周活动的宣传主题是:依法推广普通话，提升国家软实力。结合活动主题，教务处联合相关学院组织开展多项丰富多彩的宣传活动。

活动中，学校广场电子屏上播放了第 18 届推普周宣传片、主题标语和活动视频。在校园的宣传栏、各学院宣传板、图书馆、食堂、宿舍区张贴第 18 届全国推广普通话宣传周宣传海报，积极营造讲说普通话、书写规范字、诵读经典作品的良好氛围。开办“普通话诊所”，德州学院选派9名测试员担任“坐诊医生”，于9月14～20日期间在地理实验楼一楼对学生进行普通话模拟测试，了解学生讲说普通话存在的问题，指出其存在的“病症”，开出“药方”，帮助学生提高普通话水平。举办“普通话”宣传推广活动。9月15日下午，德州学院选派6名普通话推广员分别在各教学楼和宿舍楼前发放“德州学院第18届全国推广普通话宣传周材料”，并宣传和推广普通话知识。举办2015级新生普通话知识讲座。德州学院于9月15日在理科楼2012教室举办普通话知识讲座，积极向2015级新生宣传《国家通用语言文字法》和《山东省实施〈国家通用语言文字法〉办法》，普及语言文字知识，推广普通话，提高大学生的语言文字能力。联合文学与新闻传播学院在9月19日举办了以纪念抗战胜利70周年为主题的朗诵活动，活动包括单人朗诵《我爱你，中国》、讲述历史、集体朗诵《写给祖国母亲的歌》、歌曲演唱《映山红》及集体宣誓五个环节，活动主要培养学生的爱国热情。联合文学与新闻传播学院在9月20日举办了主题为“普通话同青春携手，文明话和时尚并肩”的文明普通话比赛。活动包含“完美读音”“巧舌如簧”和“挥洒自如”三个环节，考察了同学们普通话发音的标准程度、相近读音的区分能力和反应能力。

推普周期间系列活动的开展，旨在让更多的学生明确规范使用国家通用语言文字的重要性和必要性，使广大学生牢固树立规范使用国家通用语言文字的意识，说好普通话，进一步推进德州学院的校园文化建设。

二十八、举办“大学生礼仪教育”专题讲座

为推进校园精神文明建设，普及文明礼仪知识，2015年9月21日晚，文学与新闻传播学院党总支书记黄金元教授在文科楼123教室举行了“大学生文明礼仪素养养成”专题讲座。文学院2015级学生听取了讲座。

讲座中，黄书记首先介绍了文明礼仪的重要性，然后从仪容、仪表、服装、化妆等方面入手，详细阐述了个人形象、校园交往礼仪、公共场所礼仪、公共集体活动礼仪等方面的内容。深入浅出的讲解、诙谐幽默的语言、生动形象的事例，将讲座推向了高潮。

此次礼仪知识讲座，按照德州学院创建文明单位实施方案要求，强化大学生礼仪教育。通过讲座培训的方式，让学生们进一步理解把握文明礼仪的细节，强化自身行为规范意识，寻找增强自我修养的途径，不但让学生成为一名文明礼仪知识的接受者，更要成为一名文明礼仪的传播者。

二十九、校团委举办山东省大学生科技文化艺术节“齐鲁情”原创诗歌大赛

2015 年 9 月 24 日，山东省第十四届大学生科技文化艺术节“齐鲁情”原创诗歌大赛在德州学院落下帷幕。大赛由中共山东省委宣传部、中共山东省委高校工委、共青团山东省委、山东省教育厅、山东省文化厅、山东省科协、山东省学生联合会联合主办，共青团德州学院委员会承办。

此次大赛以“齐鲁情”为主题，旨在让青年学生通过诗歌创作的形式，展青春风采，抒齐鲁情怀，增强爱国之情、报国之志。大赛自 6 月份启动以来，共吸引了来自全省 47 所高校的 818 余名大学生诗人、诗歌爱好者参赛。参赛大学生把对齐鲁大地的热爱融入诗歌，用诗歌谱写中国梦、礼赞齐鲁情。作品中充溢着对齐鲁壮美河山的真切热爱，也凝结着对和谐幸福生活的由衷赞美。

德州学院团委邀请 5 名校内专家和 5 名校外专家担任大赛评委，对征集的 849 份作品进行严谨评审，最终评选出一等奖 17 个、二等奖 34 个、三等奖 85 个、优秀奖 34 个，以及优秀指导教师 17 名。

三十、教育科学学院、文学与新闻传播学院大实践平台联合启动

2015 年 9 月 26 日，教育科学学院、文学与新闻传播学院大实践平台的联合启动，为赵虎镇郝庄小学、刘汉小学及丰乐里小学开展新一轮服务型教育实践活动提供了平台。

此项活动主要是借助两个学院学生的专业特长和优势帮助这两所小学开展各种社团活动，以培养小学生的兴趣爱好，促进其全面发展。期间，教育科学学院、文学与新闻传播学院将每周固定星期二下午选派 20 多名学生到两所小学开展舞蹈、美术、合唱、手工、诵读、电子琴、英语、书法等连续进行一个学期的社团活动及特色课程的指导和教学工作。

活动已经连续进行了3个学期，取得了丰硕的成果，带动了农村学校的发展，开展活动的学校也由前两个学期的2所，增加到了现在的3所。活动的开展，既提升了两院学生的实践教学能力、增强了实践智慧，同时也在一定程度上缓解了地方小学师资不足的困难，实现了互利和双赢。

三十一、生态与园林建筑学院举办“践行社会主义核心价值观”手绘展

为更好地阐述社会主义核心价值观的内容，感悟社会主义核心价值观的内涵。2015年10月9日，生态与园林建筑学院“践行社会主义核心价值观，手绘二十四字正能量”手绘展在新理科楼4006教室举办。

同学们积极响应，共收集参赛作品66幅。参赛选手充分发挥专业优势进行构思规划，利用课余时间，查阅、了解和学习“二十四字”内容，以“二十四字”中的任意一个或多个词进行创作设计。在专业老师的辅导下，他们拿着画笔，捕捉、记录和描绘“践行社会主义核心价值观”所带来的感受和体会，利用艺术的语言表述“社会主义核心价值观”的真谛。

一个个展架、一幅幅作品异彩纷呈，富有创意，展现了同学们独特的创作理念、活泼的艺术风格及多元的表达技法。有些作品还采用了传统的绘画方式，如剪纸、年画、版画等表现形式，全面展现了社会主义核心价值观的正能量。

手绘展提升了学生的专业素养，加深了学生对社会主义核心价值观的认知和理解，积极引导广大同学从小事做起、从我做起，以实际行动践行社会主义核心价值观。

三十二、机电工程学院举办“珍米惜食”活动

为创建和谐文明校园，营造一个有序、优雅、温馨的就餐环境，同时提高同学们节约粮食的意识。2015年10月9日，德州学院机电工程学院在三餐开展了“珍米惜食”活动。

机电工程学院上百名愿者在三餐门口向过往的同学宣传了节约粮食的重要性，呼吁同学们树立节约粮食的观念。另一部分志愿者们在餐厅提醒同学们自觉回收餐具,养成良好的生活习惯,得到了同学们的积极响应和良好配合。

此活动的开展增强了德州学院学生的节约意识,培养了同学们"勤俭节约,艰苦奋斗"的良好品德。同学们纷纷表示:"珍米惜食,从我做起!"

三十三、机电工程学院举办"传承非遗 悟其精髓"黑陶文化专题讲座

为发扬德州黑陶文化,展示黑陶文化所带来的魅力,让更多的年轻人认识黑陶、了解黑陶、传承黑陶文化。2015 年 10 月 10 日下午,机电工程学院邀请德州黑陶创始人王宪利大师在 11 号理科公教楼 3014 教室进行了以"传承非遗 悟其精髓"为主题的黑陶文化专题讲座。

王宪利大师首先介绍了黑陶千年悠久的文化发展历史和黑陶在全国的主要产区及其各自的特点,然后详细介绍了制作的三大步骤,在制作过程中采用独特的烧制工艺使得泥胎变黑是黑陶的特点。烧制而成的黑陶制品带有原始的气息,古拙、朴素的美感也符合了当代人对于返璞归真的追求。最后王宪利大师还对大学生志愿者们提出的问题进行了浅显易懂的解答。

此次讲座的举办,开阔了大学生志愿者们的眼界,增强了大学生志愿者们对于黑陶知识的了解,也使得大学生志愿者认识到传承国家的非物质文化遗产的重要性,为今后非遗的发展起到了积极作用。

三十四、外国语学院举行"道德讲堂——重读《论语》"讲座

2015 年 10 月 11 日,外国语学院"道德讲堂——重读《论语》"再次开讲。此次讲堂由外国语学院党总支书记张国强担任主讲,张书记在讲堂上向同学们介绍此次开讲的目的,强调道德在人生道路中的重大作用,希望同学们能够在国学经典《论语》中汲取传统道德的滋养,并将其融入实际生活。着重讲解《论语》里面的很多道理和精神,这些都值得我们后人借鉴。尤其是其中的"中庸之道"更是与今天所提倡的和谐社会相契合。儒学的那种品德和功能,是可以成为人们安身立命、精神皈依的归宿的。《论语·雍也》所提到的"质胜文则野,文胜质则史,文质彬彬,然后君子",依然适用于我们大学生。

通过“道德讲堂”讲座，同学们在学习国学、了解孔子的过程中不断加强道德观念，弘扬助人为乐、见义勇为、敬业奉献的精神，让大家沐浴道德阳光，感悟道德力量，使心灵净化。

三十五、思政部开展“传承和弘扬中华优秀传统文化”教育实践活动

2015年10月17日上午，思政部部分教师带领德州学院大学生150余人走进山东博物馆，开展了以“传承和弘扬中华优秀传统文化”为主题的教育实践活动。

在馆厅内，同学们井然有序地参观了历史文化、明代鲁王、书法绘画、孔子文化、山东名人等各大主题馆。展馆内宁静悠远的史前文明、雍容华贵的汉代画像、贯穿千年的器具雕刻，特别是小小器物及其背后所隐藏的人物和故事引人无限遐想。近代以来中华民族任人宰割的耻辱画卷引人沉思，由无数英烈为争取民族独立奏成的英勇无畏的抗争画卷引人感怀，无数可爱的中华儿女在中国共产党的卓越领导下所开展的艰苦卓绝的斗争而形成的革命文化和精神则引人奋进。

在近两个小时的参观中，同学们深刻感受到中华文化的古色古香和源远流长，亲身感受到了祖国由古到今的发展历程和社会变迁，也深刻领略了齐鲁大地上厚重的历史积淀与浓郁的文化气息，这些大大加深了大学生对中华优秀传统文化的理解和感悟，激发了同学们的爱国热情和历史责任担当，启迪了同学们立志、立德、立向、立仁、立勤、奋发向上、为国为家为民的斗志和情怀。

三十六、思政部以社会实践为平台加强大学生社会主义核心价值观教育

思政部为进一步弘扬社会主义核心价值观，鼓励更多的大学生们走出校园，接触社会，先后举办了乐陵实验中学法制教育活动、福利院支教活动、盲校关爱盲童活动、消防知识“三进”等主题实践活动。

2015年11月1日与11月8日，思政部先后两次开展了“关注孤儿”的福利院活动。活动期间，同学们对福利院孩子们的课业辅导、谈心交流、游戏时间、体育活动等方式与孩子们一起学习与沟通。同时，开展关爱盲童活动。将志愿者分成三组，分别讲授四年级兴趣科学、六年级英语以及八年级生物。上课期间，大家与孩子们积极交流，分享心声，气氛融洽和谐。课后，互送了自己准备的小礼物。此外，思政部与福利院、盲校达成一致意见，每周安排学生开展一次活动，共同探讨合作的常态化与制度化方式。

11 月 8 日，思政部带领近 100 名学生到乐陵实验中学开展社会主义核心价值观之法制教育实践活动，为中学的同学们上了两节法律知识宣讲课。同学们上课认真，传授了法律知识；实验中学的同学们也都积极回答问题，课堂气氛非常活跃。

11 月 9 日，思政部分别在德州学院、中心广场、岔河小区以“宣传消防知识”为主题组织了专题活动。在学校，同学们将优秀消防漫画展览出来，并让同学们自己写出消防建议或身边存在的问题，深化了同学们的消防意识。中心广场的同学们向来往市民讲解相关消防安全知识。岔河小区同学们则从家用电器、燃气等生活方面的细节向居民讲解安全常识、火灾的防范以及相应的消防安全注意措施等，并张贴宣传漫画加以提醒。

系列活动的开展，进一步夯实了思政部的实践教学基地，锻炼了同学们的实践、沟通、交流等能力，更重要的是，使同学们对社会主义核心价值观的理论认同在社会实践活动中得到了进一步提升。

三十七、思政部开展“缅怀英雄爱国魂，幸福不忘血泪史”教育实践活动

为纪念抗日战争暨世界反法西斯战争胜利 70 周年，弘扬以爱国主义为核心的中华民族精神。2015 年 11 月 14 日上午，思政部组织德州学院师生百余人走进乐陵冀鲁边区革命纪念馆，开展以“缅怀英雄爱国魂，幸福不忘血泪史”为主题的教育实践活动。

一进纪念馆，广大师生就被眼前的一组大型壁画及鲜红党章的历史文化底蕴所感染。在解说员的带领下，大学生们井然有序、认真庄重地参观了馆内的战斗图片、历史简介和留存实物，切实了解了当年战争的残酷及先烈们的英勇无畏。从星火燎原到抵御外敌，从保卫战果到昂首向前，从组织建立到力量壮大，从农民起义到武装革命等多个单元的参观过程中，大家仿佛穿越到了抗战年代,见证了先烈们那浴血奋战的悲壮场面,那种革命精神和取得的辉煌成就深深震撼着广大师生。

在近两个小时的参观中,同学们仿佛置身于烽烟滚滚的战争年代,深刻感受到了冀鲁边区革命烈士们在抗战时期的艰苦与勇气,切身体会到了历史的深沉与厚重,使全体学生的思想感受到了新的洗礼和启示。通过此次参观,同学们充分认识到和平环境、幸福生活的来之不易,大大激发了同学们的爱国热情和历史责任担当,深刻启迪了大学生努力学习,奋发图强,为实现个人梦、民族梦、中国梦而奋斗的精神。

三十八、思政部开展涵养社会主义核心价值观系列实践活动

为进一步培育和践行社会主义核心价值观,提高大学生实践能力,思政部采取各种措施,带领大学生走出校园,接触社会实际,服务社会,在活动中学习和践行社会主义核心价值观。最近,思政部老师带领近500名学生先后举办了"时传祥纪念馆"参观活动、福利院、前孙中学、李家户文和小学、赵家湾小学和宋楼中学支教活动等不同主题的实践活动。

2015年11月15日,思政部组织200多名师生到德州市齐河县时传祥纪念馆进行"缅怀先烈,学习劳模"参观活动。在纪念馆,同学们自觉排队,遵守馆内秩序,紧跟讲解员的步伐,认真倾听时传祥同志的事迹与精神,了解时传祥同志为方便群众和服务群众所做的努力及不怕苦累的优秀品质。在楷模的事迹及精神的感召下,学生深受感动和启发,进一步理解了奉献社会与实现自身价值的关系。随后同学们自行参观了齐河县烈士纪念馆。

2015年11月22日,思政部开展了"关注孤儿"的福利院活动。活动期间,同学们对福利院的孩子们进行了学习辅导,并与孩子们进行谈心交流,疏解他们心里的困惑,引导和鼓励孩子们对自己有信心,相信自己是最棒的,将来一定能在某一方面施展自己的才华,为社会做出贡献,使自己生活得更美好。大学生们与孩子们积极交流,分享心声,气氛融洽和谐。在辅导与交流中,同学们不断被孩子们所感动,自己的心灵也在交流中得到升华。

2015年11月18日与11月22日,思政部组织170名学生到平原赵家湾小学、陵县前孙中学、武城李家户文和小学和夏津宋楼中学开展感恩教育、励志教育和法制教育等不同主题的实践教育活动。这些活动深受支教学校师生的欢迎,孩子们积极踊跃地参与课堂活动。大学生也在活动中深深感受到了自身的价值,纷纷表示希望能有更多的机会参与这个活动,展示和践行了他们服务社会的能力和水平。

思政部开展的这些教学实践活动,涵养了大学生们的社会主义核心价值观,对于社会主义核心价值观深入学生内心具有非常重要的意义。

三十九、德州学院举办《弘扬优秀传统文化,推动社会主义文艺繁荣发展》交流讲座

2015 年 12 月 4 日,德州市文化广电新闻出版局党组书记、局长、德州学院客座教授杨杰应邀在德州市大剧院多媒体报告厅为德州学院师生作了题为《弘扬优秀传统文化,推动社会主义文艺繁荣发展》的交流讲座。

讲座就党中央弘扬中国传统文化的政策和支持、德州的文化发展现状及成效等作了详细的讲解,受到广大师生的一致好评,对提高师生的文化素质及艺术素养,学习掌握及自觉宣传中华传统文化,宣传德州的文化事业,树立大家爱国、爱家的自豪感和自信心有极大的帮助。

此次讲座是德州学院第五届国际文化节系列活动之一,也是德州学院与德州市文广新局共建的“中外艺术交流研究中心 2015 年系列活动”之一。国际交流与合作处、教务处、音乐学院相关负责人及中外师生 150 余人参加。

交流讲座后,德州学院师生共同欣赏了中国交响乐团的木管五重奏。

国际文化节期间,学校积极邀请国内外专家来校讲学、举办讲座,开阔了师生的国际化视野,为师生搭建了与国内外高层专家的交流平台,多层次地推进了德州学院教育国际化进程。

四十、全国公祭日“告慰遇难同胞,凝聚正义力量”宣誓活动

2015 年 12 月 13 日是一个特别的日子,是第二个南京大屠杀死难者国家公祭日。上午 10 点,文学与新闻传播学院 200 多名学生举行“告慰遇难同胞，凝聚正义力量”宣誓活动。开展诗歌朗诵《南京大屠杀·活埋》、观看了南京大屠杀78周年祭影像资料等多种形式的纪念活动，以青春热血践行爱国主义。“山东新闻联播”“德州新闻联播”及《德州晚报》进行专题报道。

四十一、德州学院举行“爱心衣加衣”温暖募捐公益活动

2015年12月18日下午，随着满满一车衣物装载完毕，由德州学院团委主办、数学科学学院团总支承办的“爱心衣加衣”温暖募捐公益活动圆满结束。

活动开展后，学生、市民热情高涨，共募捐衣服2580件，裤子330条，鞋子208双，书籍、文具若干。所捐赠的物品经德城区慈善总会统一消毒后将全数送往贫困山区。在活动结束后，志愿者们纷纷表示希望通过此次活动让更多的人用实际行动关心关爱弱势群体，帮扶帮助山区困难群众。

感召身边人心，凝聚爱心力量。本次活动折射出了每一位募捐人身上助人为乐、无私奉献的良好精神风貌，在奉献自己爱心的同时弘扬了中华民族优良的传统美德，向社会主义公益事业迈进一步。

四十二、音乐学院举办“德州李氏陶埙制作工艺传承仪式”

2016年1月16日上午，音乐学院举办了“德州李氏陶埙制作工艺传承仪式”，德州学院青年教师徐琦博士敬拜省级非遗项目“李氏陶埙制作工艺”传承人李钟汾先生为师。

近年来，为充分发挥高等院校在保护非物质文化遗产中的核心作用，德州学院成立了鲁北地域音乐文化研究中心，音乐学院特别设立了陶埙制作工作室，并开设了陶埙制作和演奏专业，特聘李钟汾先生亲自授课，使李氏陶埙这一珍贵的民间文化遗产得以传承和发展。

李氏陶埙世家的第三代传人李钟汾按照其祖父李雨村当年制作陶埙的工艺程序，经多次改进，按照十二平均律要求，制成了多种形状的陶埙，在推动几千年古陶埙进化过程和改革中国的古乐器方面做出了卓越贡献。2006年，“李氏陶埙制作工艺”被列为山东省非物质文化遗产项目，李钟汾为项目传承人。

此次在征得李钟汾先生的同意后，音乐学院特别推荐了优秀青年教师徐琦博士作为李氏陶埙的第四代传承人。仪式的举办是为了李氏陶埙制作工艺的优秀传承，同时也为了促进德州学院陶埙专业学科的良好发展，对德州音乐文化高地建设发挥积极作用。

四十三、德州学院获批德州市市级文明单位

2016年1月18日，根据《德州市精神文明建设委员会关于命名表彰2015年度市级文明单位、文明村镇、文明社区的决定》（德文明委〔2015〕14号）通知文件，德州学院获批德州市市级文明单位。

学校高度重视文明建设工作。为进一步深化德州学院物质文明、精神文明、政治文明以及生态文明建设，提升校园文化建设内涵和软实力，营造良好的育人环境，提高学校社会知名度和美誉度，2015年9月，学校启动了文明单位创建工作。

学校以“做文明师生、创文明单位、建地方性应用型重特色高水平大学”为目标，进行了修读点、公寓外墙改造工程建设，求索园、儒风广场、雕塑、浮雕文化项目建设，宣传栏、路牌、导向牌、楼内橱窗、灯光阅报栏等宣传设施建设，美化了校园环境，提升了学校内涵。

先后实施了“五加强五推进”五型校园建设和“十强化十创建”文明创建十项工程，开展了“创建文明部门”“创建文明院系”“文明细胞建设”等活动，组织了经典诵读大赛、文明教研室、身边的榜样、“文明和谐家庭”评选活动等各类活动千余次。上传到德州市文明网稿件800余篇，建立了迎评档案2000多份。

在文明创建工作中，全校师生员工发扬“我文明，学校文明”精神，同心同德，无私奉献，大力倡导文明新风，从自身做起，从一点一滴做起，全身心投入到创建工作之中，许多典型做法得到大家的一致认可，《德州晚报》和《德州日报》对德州学院文明单位创建工作的典型做法进行了报道。

根据安排，学校后续将启动省级和国家级文明单位创建工作。

四十四、思政部组织大学生进实践基地开展“我的梦，中国梦”教育实践活动

为培育和践行社会主义核心价值观，提高大学生的实践能力，鼓励大学生走出校园、接触社会实际、服务社会，在思政部教师的带领下，30 余名大学生于 2016 年 3 月 29 日走进抬头寺小学开展“我的梦，中国梦”为主题的教育实践活动。

同学们通过教授小学生们唱歌、舞蹈、绘画，谈心交流、游戏等方式与小学生们一起互动。志愿者分成三组，分别进行二年级合唱排练、三年级绘画培训以及四年级健美操教学。上课期间，大家与小学生们积极交流，分享心声，气氛融洽和谐。

此次活动的开展，提高了大学生的语言表达能力和团队协作能力，进一步夯实了思政部的实践教学基地，锻炼了同学们的实践能力，使同学们对社会主义核心价值观的理论认同在社会实践活动中得到了进一步提升。

四十五、携手跃华中学举办仿古成人礼活动

为了继承优秀的文化传统，积极引导广大青少年对自身责任进行深思，文学院与跃华中学高中部于 2016 年 4 月 8 日在德州市跃华高中礼堂组织举行了“十八而志，梦想起航”仿古成人礼活动。跃华高中 2013 级全体学生和德州学院代表同学参加了活动。

活动分为三部分，分别从父母、老师以及孩子自身三个方面感受成人的价值，同时以高考 60 天倒计时为切入点为同学们高考加油打气，从而体现“成人进步、十八岁、青春”的主题。

活动的第一个环节是教师寄语，为即将面临高考的学生们加油打气。接下来德州学院“柳湖吟诵社”成员身穿汉服为大家带来了《游子吟》吟诵表演。伴随着悠扬的钟磬声，仿古成人礼仪式开始，跃华中学学生和家长代表身着古代服装在“柳湖社团”的学生引导下，进行了加冠礼和及笄礼。礼成后，跃华中学老师代表进行了发言，德州学院学生代表进行了题为“正青春，有我，有未来”的演讲。演讲结束后，现场同学依次穿过象征着长大成人的“成人门”，并把提前写好的心愿贴于心愿墙。活动在现场同学进行的庄重宣誓中圆满结束。

四十六、举办“回归自然，歌咏人生”游学活动

为了培养小学生对学习传统文化、亲近自然的兴趣，2016 年 4 月 26 日下午，文学与新闻传播学院举办了“回归自然，歌咏人生”的歌诗宝宝德院游学活动，文学院的“柳湖吟诵社”与“童话社团”部分成员、德院附小 2015 级 2 班的全体师生及家长参与了活动。

活动全程主要由小学生们自己介绍各自认识的植物并向师生及家长们进行讲解。在游行过程中，吟诵及歌诗师范生们带领小学生们随兴吟唱诗歌。为了进一步帮助小学生们感受优秀传统文化，体育学院已退休的王兴臣老师在游学休息时带领所有小学生们简单地学习了部分马王堆导引术。在活动即将结束时，文学院的杨华老师给孩子们分发了石榴树枝，并鼓励孩子们亲手种植，以品尝种植的快乐。

四十七、德州学院“德之韵”民族管弦乐团走进济宁学院、泰山学院

由教育部、文化部、财政部联合主办，山东省教育厅和德州学院承办的“高雅艺术进校园”系列活动顺利开展，音乐学院“德之韵”民族管弦乐团先后于 2016 年 9 月 21 日、22 日赴济宁学院、泰山学院成功举办了专场音乐会。

音乐会由乐团常任指挥段文教授、特邀指挥宋学文教授与马锡骞老师执棒，以“传播高雅艺术，传承地域文化”为主题。曲目有展现德州古运河的壮阔和人民安居乐业景象的吹打乐《千年运河展新颜》；有体现孔子“大同”思想的民乐合奏曲《大同梦》；也有颇具异域风格的中阮合奏曲《法国古歌》。此外，青年教师刘洋演唱的《好日子》、徐琦博士的竹笛独奏《牧民新歌》，以及学生魏茜茜的琵琶独奏《诉》等曲目大放异彩，获得热烈掌声。由民乐队伴奏，李兴虎与刘洋两位老师演唱的武城民歌《唱秧歌》(已列为山东省“非物质文化遗产”保护名录)，更是展现了对德州地域音乐文化的传承与发展。

此次活动的开展分别得到济宁学院与泰山学院的大力协助，受到了广大师生的热烈欢迎。专场音乐会的举办，不仅增加了学校师生间的友谊，也扩大了德州学院的对外影响。

德州学院"德之韵"民族管弦乐团经过多年发展，如今已成为一支建制齐全、演奏水平较高、有一定影响力的大学生艺术团体。乐团经常应邀参加各类社会公益演出，在省内外各项专业赛事中屡屡获奖，为扩大德州学院对外影响、普及民族音乐做出了积极贡献。

四十八、德州学院举行2016年下半年国家普通话水平测试

2016年10月15日，德州学院举行了2016年下半年国家普通话水平测试。此次测试共有2570名学生参加，共设6个考场、20个场次。测试工作于15日20点30分圆满结束。考试过程中，学校严格按照山东省语言文字办公室的要求进行科学规划和管理，组织分工明确，对教师监考及考风考纪做了严格要求，保证了测试工作井然有序。

四十九、"重温峥嵘岁月，弘扬红色精神"红色电影放映月活动启动

2016年10月18日晚，"重温峥嵘岁月，弘扬红色精神"红色电影放映月启动仪式在音乐厅举行。党委副书记、纪委书记展德明，校关工委主任戚晓耕、副主任刘昭斌出席，党委宣传部、学工部、团委等相关部门负责人，老教师代表，各学院党总支副书记、团总支书记、辅导员参加活动。

启动仪式上，500名师生共同观看了庆祝建党95周年献礼影片《大火种》。这部以爱国主义为核心、革命历史为题材的电影故事片，再现了上世纪20年代山东广饶地区的中共党员和人民群众经过艰苦卓绝的斗争，用生命保护中国首版《共产党宣言》，并使其如火种般传播开来的故事。影片感人至深、发人深省，现场的师生们神情专注，深受感动，被以刘忠良为代表的一批共产党人对信仰的执着，以及为了追求理想不惜抛头颅洒热血的革命精神所感染，一起跟随影片，追忆革命的艰苦道路。

2016年是中国共产党成立95周年、中国工农红军长征胜利80周年，为引导广大师生铭记历史、缅怀先烈，校关工委、党委宣传部、学工部、团委联合开展了"重温峥嵘岁月，弘扬红色精神"红色电影放映月活动。活动持续一个月，放映了《建党伟业》等十余部红色经典电影。

五十、思政部组织开展“小学语文课本剧”话剧表演比赛活动

2016年10月21晚，思政部“大学生青春助梦行”实践协会在博文楼540会议室，组织开展了一场以编排“小学语文课本剧”为主题的话剧表演比赛活动。

活动筛选出三年级《陶罐和铁罐》、四年级《去年的树》、五年级《晏子使楚》、六年级《十六年前的回忆》作为话剧编排的基本依据。编排过程中，各小组根据课文内容并结合相关资料进行了剧本创作，并在比赛过程中用简单的道具、简洁的语言、形象的肢体动作将陶罐与铁罐、晏子与楚王、李大钊与反动派、小鸟与大树等重要角色表演的活灵活现、淋漓尽致。通过表演，大学生对小学语文课本内容精髓有了更加深刻的理解，对课本内容中所融入的思想政治理论知识有了更加清晰的认识，对如何更好地贴近小学生、更好地走进小学课堂也将具有积极的启发意义。

据悉，该活动的开展是对大学生即将进入中小学基地开展实践教学的准备，目的在于通过创新活动形式，强化中小学支教的指导培训环节，通过广泛参与、认真选拔、择优入校（中小学）的方式，让更优秀的大学生走进中小学的讲堂，提高服务地方的质量，充分展现德州学院大学生的风采，树立德州学院大学生的良好形象。

五十一、学校举办2016年教职工“传承文明，共筑梦想”经典诵读活动

2016年10月25日，由党委宣传部、校工会主办，文学与新闻传播学院承办的德州学院2016年教职工“传承文明，共筑梦想”经典诵读比赛在音乐厅举行。党委委员、副校长孙海滨出席并颁奖。

活动以“弘扬中华优秀传统文化，提升广大师生人文情怀，浓郁校园文化氛围”为宗旨，以反映民族精神和时代精神的中华经典古诗文以及当代经典名篇为诵读内容。比赛历时近两个月，以基层工会为单位，在开展师生普及性诵读活动预选赛的基础上，推选出20支优秀代表队参加学校决赛。

师生们用单独、综合、多重组合、复咏多种表现方式，舞蹈、表演、演奏等多种表现手法，倾情演绎了一首首耳熟能详的历史经典《沁园春·长沙》《沁园春·雪》等。一段段慷慨激昂的朗诵《纪念长征胜利80周年》《青春万岁》等,使比赛现场既婉约动听又激情澎湃,高潮迭起,精彩纷呈,洋溢着浓浓的中华经典人文气息。

经过激烈角逐,音乐学院、文学与新闻传播学院、外国语学院、教育科学学院获得一等奖,思想政治理论课教学部、体育学院、经济管理学院、生态与园林建筑学院、物理与电子信息学院、政法学院获得二等奖,医药与护理学院、机电工程学院、大学外语教学部、美术学院、机关工会、信息管理学院、化学化工学院、汽车工程学院、资源环境与规划学院获三等奖,文学与新闻传播学院获得最佳表演奖。

五十二、德州学院举办"长歌咏志,红色青春"红歌合唱大赛

"没有共产党就没有新中国","团结就是力量"……伴随着一首首耳熟能详、慷慨激昂的经典旋律,2016年12月6日下午,德州学院生命科学学院举办的"长歌咏志,红色青春"红歌合唱大赛正式拉开帷幕。

2016年是"一二·九运动"81周年,为纪念这一爱国运动,青年学子们以红歌合唱大赛的方式开展主题活动。比赛中,青年学子齐聚一堂,着装整齐,精神饱满,以高昂的热情、嘹亮的歌声唱出了对祖国的热爱和对老一辈革命先烈的深深敬意和怀念,精彩的表现赢得了评委及现场观众的热烈掌声。

最终,生命科学学院的2014食品质量与安全、2014级生物技术、生物工程、2016级生物技术四个班凭借着新颖的编排、出众的唱功,征服了现场的评委,获得了本次比赛的一等奖。

五十三、德州学院学生获全省高校大学生"传承长征魂,共筑中国梦"主题征文三等奖

2016年12月23日,山东省委高校工委下发《关于表彰全省大学生"传承长征魂,共筑中国梦"优秀主题征文的决定》,德州学院文学与新闻传播学院2015级新闻学专业学生王朝柳撰写的《红旗赋》荣获三等奖。

此次征文活动由省委高校工委组织开展,旨在深入贯彻落实习近平总书记在庆祝建党95周年大会上的重要讲话精神，纪念红军长征胜利80周年，充分挖掘长征精神的历史内涵与时代价值，传承红色基因，进一步激发大学生的爱国热情，铭记历史，开创未来。活动共收到96所高校推荐报送征文275篇，经专家组评审，评选出一等奖10篇、二等奖20篇、三等奖30篇、优秀奖40篇。

五十四、2017年上半年全国普通话水平测试圆满结束

2017年3月25日、26日，德州学院在东校区启智楼举行了2017年上半年国家普通话水平测试。

此次测试共有5999名学生参加，设8个考场、38场次。测试工作于26日19点30分圆满结束。

考试过程中，学校严格按照山东省语言文字办公室的要求进行科学规划和管理，组织分工明确，对教师监考及考风考纪做了严格要求，保证了测试工作井然有序。

五十五、德州学院开展“爱·文明”系列活动

2017年4月份，学生工作部(处)以“爱读书，爱诚信，爱规则，爱自己，爱校园”为宗旨，开展了“爱·文明”系列活动。

活动包含“爱·读书——开卷有益，读书修身活动”“爱·诚信——诚信教育主题班会活动”“爱·规则——学生文明行为规范教育活动”“爱·自己——学生文明自律修身系列活动”“爱·校园——美丽校园摄影活动”五项内容。读书活动旨在引导大学生拿起书卷回归阅读，促其养成“爱读书、会读书、读好书”的良好习惯。诚信活动教育学生明晰诚信是大学生立身为人、成长成才的必备品质，努力营造人人知诚信，人人讲诚信的良好氛围。行为规范教育活动则以大学生校园行为规范教育为重点，进一步提升大学生的基本道德规范和日常行为规范，引导大学生提升行为外化能力，形成与校园文化相协调的大学生行为文化。自律修身活动旨在引导学生自觉爱护校园、自律笃行，为建设“健康、有序、和谐、文明”校园做出自己的一份贡献。摄影活动旨在多角度呈现德州学院思想政治工作新局面、新气象，充分展现高校生气勃勃的校园文化生活，促进美丽文明校园建设。

此次系列活动持续1个月，通过主题班会、摄影比赛、文明督导等活动形式，进一步提高学生文化素养，促进学生的成长成才。

五十六、音乐学院“德之声”合唱团开展高雅艺术进校园活动

按教育部、文化部、财政部关于高雅艺术进校园活动的文件精神要求，受山东省教育厅的委派，2017年6月21日，音乐学院张国庆教授带领“德之声”合唱团走进菏泽学院、菏泽牡丹区长城学校以及聊城大学东昌学院，举办了为期三天的专场音乐会。

演出在一首集体合唱《思念》中缓缓拉开帷幕。随后，伴随着青春活泼气息的琴声，《青春舞曲》、女生合唱《葡萄园夜曲》，赢得了观众一致好评，掌声不断。外文歌曲《茨冈》、*Baba yetu* 更是精彩，博得在场同学们的阵阵欢呼声。加演节目《同桌的你》把音乐会推向高潮。最后，音乐会在一首《友谊地久天长》中缓缓落下帷幕。

五十七、音乐学院举办“非遗进校园”走进乐陵化楼镇中小学启动仪式

2017年6月21日下午，音乐学院赴德州乐陵市举办了服务地方系列活动暨“非遗进校园活动”走进乐陵化楼镇中小学启动仪式。

活动中，音乐学院青年教师徐琦博士向大家介绍了“陶埙的演奏与制作”专业课程在德州学院的设置、发展和传承情况，讲解了陶埙的历史知识，并结合视频与图片展示了陶埙制作的拉坯、打孔、校音、烧制等流程。期间，学生现场用陶埙示范演奏了多首乐曲，展示了陶埙的古朴音色和演奏技巧。乐陵市化楼镇学区中小学的500余名师生参加了活动。

此次活动是德州学院积极响应德州市第十四届社会科学普及周的系列活动之一，也是服务地方项目中的一项重要内容。

五十八、德州学院开展“岁月如歌，感念师恩”书法展示活动

2017年9月10日，在第33个教师节来临之际，德州学院庆祝2017年教师节系列活动之“岁月如歌，感念师恩”书法展示活动在学苑广场举行。

此次活动由组织（人事）部、团委承办，号召青年学生发挥聪明才智，展示书法精彩，写下最美文字献给最敬爱的老师。活动得到了青年学生的积极响应和广泛参与，共收到来自各学院学生的书法作品150余幅，经专家评选，评比并展出优秀书法作品24幅。

此次活动旨在通过书法展示，抒发青年学生对教师的感恩之情，让青年学生通过参与活动深切感受教师默默耕耘、不求回报的奉献精神，在校园里营造尊师爱校的浓厚文化氛围。

五十九、德州学院“德之韵”民族管弦乐团开展“高雅艺术进校园”活动

2017年9月21日，由教育部、文化部、财政部联合主办，山东省教育厅和德州学院承办的“高雅艺术进校园”系列活动顺利开展。德州学院音乐学院“德之韵”民族管弦乐团师生90余人先后于9月21日、22日在威海市城里中学、山东大学(威海)举办了专场音乐会。

音乐会由乐团常任指挥段文教授、特邀指挥宋学文教授执棒，以“传播高雅艺术、传承地域文化”为主题。曲目有展现德州古运河的壮阔和人民安居乐业景象的吹打乐《千年运河展新颜》，有体现孔子“大同”思想的民乐合奏曲《大同梦》，也有少数民族音乐风格的中阮合奏曲《山行》等曲目。此外，李兴虎老师演唱的《草原上升起不落的太阳》、徐琦博士的竹笛独奏《深秋叙》，以及马迎春老师的柳琴独奏《春到沂河》等曲目异彩纷呈，均获得热烈掌声。由民乐团伴奏，李兴虎与薛莲两位老师演唱的武城民歌《唱秧歌》(已列为山东省“非物质文化遗产”保护名录)更是展现了德州学院对德州地域音乐文化的传承与发展。

“德之韵”民族管弦乐团经过多年发展，已成为一支建制齐全、演奏水平较高、有一定影响力的大学生艺术团体。乐团经常应邀参加各类社会公益演出，在省内外各项专业赛事中屡屡获奖，为普及民族音乐作出了积极贡献。

六十、音乐学院参加山东省第五届大学生艺术展演

2017年10月12日，山东省第五届大学生艺术展演活动在山东艺术学院和济南大学开幕，德州学院共选送10部作品参赛。经过初审、终审及现场展演评分，最终，高奎玉老师指导的舞蹈《海拔六千米》，李冰、樊海伦老师指导的戏曲《姊妹易嫁》选段均获一等奖；张国庆老师指导的声乐合唱作品*Babayetu*、《归园田居》，刘晶老师指导的朗诵作品《我的祖国》均获二等奖；段文老师指导的民族管弦乐原创作品《大同梦》，樊海伦老师指导的弦乐四重奏《G大调弦乐小夜曲》获三等奖；德州学院获优秀组织奖。其中，3部作品入选山东省第五届大学生艺术展演现场表演环节，取得历年来参赛最好成绩。

山东省第五届大学生艺术展演活动是山东省高校艺术类专业的一项高水准、高规格的展演活动赛事，大赛每两年举办一次，由省教育厅主办。活动旨在展现山东省当代大学生积极向上的精神风貌，促进大学生审美素养的提高，展示高等学校艺术教育成果，对山东省艺术教育发展起到了积极推动作用。

六十一、2017年普通话水平测试工作圆满结束

2017年10月21日，德州学院在东校区启智楼4楼举行了2017年下半年国家普通话水平测试。此次测试共有1998名学生参加，设5个考场、20场次。测试工作于21日19点30分圆满结束。

考试过程中，学校严格按照山东省语言文字办公室的要求进行科学规划和管理，组织分工明确，对教师监考及考风考纪做了严格要求，保证了测试工作井然有序。

六十二、思政部组织大学生开展思想政治理论读书学习活动

为提升大学生思想政治理论水平，2017年10月28～29日，思政部“大学生青春助梦行”实践协会在教师的指导下组织大学生开展以“书香怡人笔间，不朽思想永传”为主题的读书学习活动。

读书学习活动分为6个专题小组，分别为十九大学习小组、中国古典文化学习小组、毛泽东思想学习小组、邓小平理论学习小组、马克思主义学习小组和政论专题学习小组。各小组通过读书、观看视频等多种方式进行学习。为提升学习质量，各小组还配备了专门的老师进行指导。6个小组分别在老师的指导下对自己一周的读书学习感悟进行总结，师生各抒己见，学习气氛热烈，同学们纷纷表示受益良多。

开展此次学习活动，就是让大学生们走近老一辈革命家，深入理解十九大精神，坚定理想信念、勇立潮头、踏实肯干，努力为实现中国梦贡献自己的力量。

六十三、德州学院举办桑恒昌诗歌艺术座谈会

2017 年 11 月 4 日上午，德州学院在厚德楼八楼会议室举办桑恒昌诗歌艺术座谈会，副校长李永平主持。

桑恒昌先生是德州武城人，当代著名诗人，其作品广涉人生的方方面面，或一往情深，或催人泪下，或幽默风趣，或富含哲理，耐人寻味。其诗歌被翻译成英、法、德、韩等多国语言，在海内外享有很高声誉。

会上，桑先生分享了自己这些年进行诗歌创作的心路历程和写作心得，指出诗歌源自生活，要有一双善于发现美的眼睛，要注重从生活中去挖掘和提炼诗歌的素材，同时认为诗歌创作贵在坚持。老先生出口成章，妙语连珠，不时引发大家的热烈掌声。

会后，桑先生在相关人员的陪同下参观了德州学院桑恒昌诗苑、求索园等文化景点。

德州学院董仲舒研究专家季桂起教授，德州学院办公室、宣传部、社科处、发展规划处、国际交流与合作处、资产处、图书馆、文学与新闻传播学院负责人参加座谈。

六十四、德州学院社团文化艺术节暨国际文化节开幕

2017 年 11 月 1 日，由校团委、国际交流与合作处共同主办的第十六届社团文化艺术节暨第七届国际文化节开幕式在西校区音乐厅举办。校党委委员、副校长李永平、张存峰，国际交流合作处、团委、国际教育学院、学工部(处)、保卫处负责人，外籍教师与留学生代表以及各学院师生代表观看了开幕式晚会。

晚会以“青春启航，社韵芳华”为主题，在气势磅礴的吹打乐《千年运河展新颜》中拉开帷幕。龙腾虎跃的舞龙舞狮表演、酷炫华丽的荧光舞、精湛柔美的瑜伽表演、触动心灵的影子舞，表现出德院学子的青春活力、朝气蓬勃。俄罗斯留学生演唱的歌曲 *Kohb*，韩国外教金真爱演绎的传统民歌《茉莉花》，让现场观众耳目一新。民族舞《海拔六千米》、武术表演等节目将中华五千年的文化融入其中，向现场的中外嘉宾展现了中国传统文化之美。最终，在剪纸、书法、茶艺等博雅类社团的成果展示中，晚会圆满结束。

本届社团文化艺术节暨国际文化节以协同推进学风建设为重点，以第二课堂与第一课堂相协同为载体，以社团转型为导向，实现社团活动由文体娱乐型向学习型、思想型、科技型转型。期间举办了学术类、传统文化类、跨文化交流类等活动 18 项。

六十五、纺织服装学院学生党员走进博爱敬老院，宣讲党的十九大精神

2017 年 12 月 2 日，纺织服装学院由学生党员、入党积极分子等组成的宣讲小分队走进博爱敬老院，宣讲党的十九大精神。

宣讲队成员以大众化、接地气的语言和老人们促膝交流，面对面宣讲，帮助老人理解党的十九大精神。在同学们的认真讲解下，老人们认真聆听十九大报告中关于完善国民健康政策、深化医药卫生体制改革、构建养老孝老敬老政策体系和社会环境、加快老龄事业和产业发展等内容，感受新时代的发展方向，不时露出开心的笑容。

活动中，志愿者们还为老人整理内务，并表演了精彩的文艺节目。

六十六、德州学院图书馆获评“2017 年德州市全民阅读示范基地”

2018 年 1 月 3 日，德州市文化广电新闻出版局公布了 2017 年德州全民阅读表彰名单，德州学院图书馆被评为“2017 年德州市全民阅读示范基地”称号，任延安同志被评为“全民阅读推广人”。

近年来，图书馆紧紧围绕学校中心工作，以打造书香校园为目标，通过开展多项活动调动全校师生积极参与到阅读活动中来，营造良好校园文化氛围，加强校园文化交流，助推书香校园建设。今后，图书馆将继续开展“读书月”系列活动以及“阅读之星”排行、主题书展等系列全民阅读推广活动，不断提升师生参与度，为“书香德州”品牌建设发挥积极作用。

六十七、校团委举办“品鉴经典，感悟成长”第三届读书文化节

为进一步提高大学生人文素质，推进学风建设和校园文化建设，自2017年12月起，校团委在广大青年学生中开展了主题为“品鉴经典　感悟成长”的第三届读书文化节活动。

本届读书文化节持续一个月，期间先后举办了“21天读书养成计划”“寻找最美朗读者”“丢书大作战”等多项活动。

“21天读书养成计划”活动，以七天为一个阶段，分别以“热血青春”“红色经典”“匠人精神”为主题，选取了《平凡的世界》《谁动了我的奶酪》《红岩》《青春之歌》《古拙》《世界的袁隆平》等21本经典书籍，前期在“德州学院团委”微博和读书交流QQ群进行书目展读和每日读书打卡，数百余名书友参与了线上讨论、提交读书笔记，并进行了线下读书分享。“寻找最美朗读者”活动，在全校征集“最美朗读者”，号召同学们朗读自己喜爱的名篇佳作或朗读一篇自己写的文章，并录制成视频，校团委从中精选优秀作品在微博、微信等平台展示。“丢书大作战”活动借鉴了英国伦敦地铁藏书活动，在校园人流密集的餐厅、休闲椅等处摆放《瓦尔登湖》《百年孤独》《极简经济学》等数十本图书，通过这种新奇的方式，引导更多青年学生养成阅读习惯。

六十八、2018年上半年普通话水平测试工作圆满结束

2018年3月31日至4月1日，德州学院在东校区启智楼4楼进行2018年上半年国家普通话水平测试。此次测试共有6085名学生参加，设8个考场、39场次。测试工作于4月1日19点圆满结束。

考试过程中，学校严格按照山东省语言文字办公室要求进行科学规划和管理，组织分工明确，对教师监考及考风考纪做了严格要求，保证了测试工作井然有序。

六十九、德州学院举办阅读分享活动

2018年4月17日，宣传部、团委、图书馆联合举办了首届“德州学院真人图书馆·繁露阅读时空”作家交流暨阅读之星颁奖活动。校党委副书记王金利出席。

此次活动邀请了山东青年作家崔金鹏与大学生交流互动，共同分享阅读、创作体会。崔金鹏作了“以文字或青春的名义分享阅读的美丽”为主题的主旨演讲，以自己的创作历程、生活经验，畅谈阅读的乐趣、人生感悟。在互动环节，大学生们积极踊跃，从自身的角度出发，提出问题。崔金鹏耐心解答，生动的语言不断激发同学们提问的积极性，整个活动在轻松和谐的氛围中度过。

王金利、崔金鹏、图书馆负责人分别为获得2017年度“阅读之星”称号的七名读者代表颁发了荣誉证书。

此次活动旨在搭建广大读者与知名作家面对面交流的平台，进一步营造德州学院书香文化氛围，增进大学生阅读兴趣，让广大师生更好地开阔视野，增长写作知识，提升自身思想素养。

七十、德州学院举办“书享悦读，书香德州”全民阅读推广活动

2018年4月23日上午，德州学院图书馆、宣传部、工会联合在德州市中心广场举办“书享悦读，书香德州”全民阅读推广活动。党委委员、副校长李永平，工会、图书馆相关负责人到现场指导。

活动中，阅读推广志愿者团队通过海报、展板等形式向广大市民宣传介绍“世界读书日”的由来及发展情况，发放全民阅读倡议书，呼吁大家共同树立“爱读书、读好书、善读书”的文明风尚。此外，志愿者们向广大市民推荐国家新闻出版总局评出的2015年至2017年“大众喜爱的50种图书”，并介绍免费获取图书、期刊、公开课、微信公众号免费OA资源的方式。活动期间，志愿者与市民就自己读过的好书、读书遇到的问题进行了交流，解答了大家提出的问题。

此次阅读推广活动得到了市民的支持与好评。许多人纷纷表示，不仅自己要积极阅读，也会带动身边的人坚持阅读，共同营造“书香德州”。

七十一、德州学院举行“升国旗，诵读红色经典”国旗下的讲话主题教育活动启动仪式

为隆重纪念“五四”爱国运动九十九周年暨纪念中国共产主义青年团成立九十六周年，2018 年 5 月 4 日上午，德州学院“升国旗，诵读红色经典”国旗下的讲话主题教育活动启动仪式在田径运动场举行。校党委委员、副校长张存峰出席，团委全体人员，各学院团总支书记、辅导员代表，学生团干部与团员青年代表等 1000 余人参加活动。

7 点整，仪式准时开始。国旗班成员护送国旗入场，进行奏国歌、升国旗仪式；团员代表诵读了红色经典《五年抒怀》和德州学院青年学生原创诗歌《中国梦，青年心》；教育科学学院团总支书记与数学科学学院学生代表，分别作为团干部代表和团员青年代表作了国旗下的讲话。

张存峰代表校党委和校行政向全校青年学生致以节日的问候。他指出，在当前新的历史时期，在全国共青团改革的关键阶段，德州学院共青团必须顺应改革方向，明确组织定位，做好党的助手和后备军。他向学校各级团组织、团干部和团员青年提出三点希望：希望各级团组织用习近平新时代中国特色社会主义思想武装全团、教育青年；希望广大团干部与青年学生努力成长为新时代合格的青年马克思主义者；希望广大团员青年牢固树立争当“六有”大学生的成才目标，锤炼高尚品格，践行社会主义核心价值观。他要求，广大团干部和团员青年要认真落实全面从严治党要求，大力推进从严治团；坚持中国共产主义青年团九十六年的基本遵循，“不忘初心跟党走”；坚持共青团的根本导向，坚持党建带团建，以“高”的标准、“严”的要求、“实”的作风，为学校发展大局，为学校内涵建设，为创建地方性应用型高水平大学贡献力量。

活动中，青年学生纷纷表示，要牢记团的使命，牢记习近平总书记对团员青年的嘱托，坚定信仰，砥砺品德，珍惜时光，勤奋学习，努力成长为有理想、有本领、有担当的社会主义建设者和接班人。

2018 年五四期间，校团委以“不忘初心跟党走，青春建功新时代”为主

题，开展系列主题教育活动，具体包括“传承五四精神，新青年新作为”团支部活动评选、“升国旗，诵读红色经典”国旗下的讲话主题教育活动、弘扬五四精神“与信仰对话”青春诗会、“助力成长，我的成长清单”青春筑梦活动等系列活动。全校共青团将以主题系列教育活动为契机，牢牢坚持“党建带团建”的根本工作导向，紧密围绕学校中心与大局，以思想引领工作为根本任务，全面服务青年学生成长成才。

七十二、音乐学院举办“爱心手拉手”音乐支教系列活动

2018 年 5 月 17 日，音乐学院举办“爱心手拉手——陵城海尔希望小学走进德州学院”音乐支教系列活动。首批来自陵城区海尔希望小学的 50 余名留守儿童走进德州学院参观学习，感受爱和艺术的陪伴，山东电视台著名主持人大壮老师带领专业团队进行跟拍录制。

活动中，陵城区海尔希望小学的孩子们走进德州学院音乐厅，和大学生合唱团交流互动、同台演出，近距离接受专业指导；同时参观音乐学院舞蹈房、琴房、电钢教室及学校校园，开阔视野之余，增长艺术专业知识。音乐学院负责人陪同，鼓励孩子们敢于有梦，勇于追梦，勤于圆梦。

自音乐学院结合专业特色，实施艺术精准扶贫，与希望小学深入对接开展音乐支教活动以来，师生志愿者服务团队利用课余时间和假期，赴陵城区海尔希望小学对学生们进行系统的合唱排练，为农村留守儿童点亮艺术的梦想。

七十三、校团委举办弘扬五四精神“与信仰对话”青春诗会

为深入学习宣传贯彻党的十九大精神，继承和发扬青年爱国运动光荣传统，弘扬中华民族伟大的爱国主义精神，校团委于 2018 年 5 月 19 日在西校区音乐厅举办了德州学院弘扬五四精神“与信仰对话”青春诗会。校团委负责人，各学院团总支书记、辅导员及 500 余名学生代表参加。

活动中，8 个学院的青年学生，结合舞蹈、武术、情景剧等丰富多样的表现形式，饱含深情、掷地有声地朗诵了《少年中国说》《祖国颂》《守望中华》等一首首气势磅礴、脍炙人口的经典诗歌，带领全场观众穿越历史的峰峦，亲历那段轰轰烈烈的峥嵘岁月，号召当代青年勿忘历史、不忘初心，薪火相传五四精神。德州学院青年学生朗诵的《祖国啊，我亲爱的祖国》与武术协会的武术表演，将诗歌的气势磅礴与武术的阳刚威仪相结合，展现了青年学子豪情满怀与拳拳爱国心，表达了青年学生助力中国梦的朴实情怀。

此次活动由校团委主办，文学院、资环学院、社团联合会联合承办。团委从 4 月底开展了弘扬五四精神“与信仰对话”青春诗会的征集和评选活动，得到了各学院青年学生的积极响应。举办此次活动，旨在以文育人，以文化人，以诗歌创作、朗诵表演助力校园文化建设和青年学生成长成才，鼓舞和激励广大青年学生继承和发扬“五四”精神，以饱满的热情和激情，为中华民族伟大复兴的中国梦不懈奋斗。

七十四、教育科学院举办书画技能课程展览

2018 年 6 月 28 日到 29 日，教科院以强化职业技能素质、培养智慧型教师为主题，在知行楼前美丽的荷花池畔举办了首次书画技能课程展览。

教科院历来重视加强和优化专业技能教学训练体系，培养师范生教学基本功训练和实践技能。书法和绘画作为教科院专业技能的重要项目，针对学生入学零基础的现状，通过在教学上的有益探索，逐步形成了具有教科院特色的书画教学模式。此次展览共优选出 60 幅书画作品，是本学期开课班级书画课程展览。

附录　德州学院关于编制本科专业人才培养方案的实施意见

为贯彻落实《德州学院综合改革方案》(德院党字〔2016〕47号)、《德州学院学分制改革实施方案》(德院政字〔2017〕10号),根据《山东省教育厅关于做好本科专业人才培养方案编制工作的通知》(鲁教高函[2016]16号)要求,结合学校地方性应用型高水平大学的办学定位和创新性应用型人才的培养目标定位,现就编制德州学院本科人才培养方案提出以下意见。

一、指导思想

全面贯彻党的教育方针,遵循高等教育和人才成长规律,坚持把立德树人作为中心环节,服务区域经济社会发展,创新人才培养方式,重构"实基础、强实践、求创新、宽视野、高素养、重责任"的创新性应用型人才培养体系,实现学生个性化发展、多元化成才,全面提升人才培养质量。

二、基本原则

(一)坚持德育为先

遵循高等教育教学规律和人才成长规律,坚持育人为本、德育为先,全面推进素质教育。以社会主义核心价值观为主线,构建思政育人、文化育人、专业育人、实践育人"四位一体"的德育体系。推进思想政治理论课改革,提高思想政治课的思想性、针对性和感染力。挖掘专业课的德育元素,各门课都要守好一段渠、种好责任田,使各类课程与思想政治理论课同向同行，形成协同育人效应；结合实践教学、文化建设、社会活动、日常生活，推进课程德育功能延伸，营造整体育人环境与氛围。

（二）坚持需求导向

各专业要主动对接经济社会发展需求、岗位需求和学生全面发展需求，充分认识和把握未来经济社会和行业发展对专业人才知识、能力、素质等方面的新要求，充分考虑人才的社会适应性。要面向市场，紧扣行业准入要求，充分吸收借鉴同类应用型大学先进经验，紧密结合学校办学定位和人才培养总目标，科学合理地确定专业人才培养定位与目标。方案的制定要充分进行社会人才需求调研，培养目标、规格及课程设置要有扎实的调研依据。

（三）坚持个性发展

根据学分制管理改革要求，压缩或控制必修课程学分，增加选修课程比例，科学设置模块化选修课程。在保证专门人才基本规格和普遍要求的基础上，为学生根据自身特点制订个性化学习计划和目标创造条件，提供多样化的培养形式和成才途径。积极拓展学生专业自主选择空间，完善主辅修制度，促进跨学科复合型人才成长，为学有余力的学生创造更加有利的发展环境。

三、编制要点

（一）科学凝练培养目标

各专业要以社会需求和学生终身发展需要为导向，依据教育部颁布的本科专业类教学质量国家标准，结合学校办学定位和人才培养总目标，科学确立各专业人才培养目标，明晰培养的人才类型和服务面向。培养目标描述要精准，要符合学校发展定位和专业特色，适应社会经济发展对人才培养的要求，体现创新创业教育目标，明确本专业毕业生就业领域以及具备的社会竞争优势，能反映学生毕业后 5 年左右在社会与专业领域预期取得的成就。

专业人才培养目标可根据学校人才培养目标，从知识结构、应用能力、综合素质、服务面向和人才类型等方面描述。

参考依据见附件1。

（二）准确描述培养要求（规格）

各专业在确定人才培养目标的基础上，明确学生在知识、能力、素质等各领域的培养要求。要对应培养要求，科学设置课程，明确课程内容、规范课程名称，明晰课程功能，建立课程与培养要求的对应关系矩阵。

培养要求是学生毕业时所应掌握的知识和能力的描述，是学生完成学业时应取得的学习成果。可总体表述该专业需要学习的基本知识和理论基础，需要具备的专业实践工作方法与技能，以及需要掌握的专业基本技能，分项表述毕业生应获得的具体知识和能力。

1.通用要求

通用要求，指毕业生应达到的思想政治素质、道德法纪素质、身心健康素质、科学文化素养、信息应用能力、语言交际能力、创新创业能力等毕业要求。

具体要求见附件2。

2.专业要求

专业要求，指该专业毕业生需要掌握的基本知识和理论基础，需要具备的专业实践工作方法，需要掌握的专业基本技能等。应参考《普通高等学校本科专业目录和专业介绍（2012年）》中相应专业培养要求，分项表述毕业生应获得的具体知识和能力。

3.编制对应关系矩阵

编制开设课程与培养要求的对应关系矩阵，应将规定的知识、能力和素质要求落实到具体的教学环节。由课程、项目、实习实践以及各类课外活动所构成的教学环节，应将专业培养要求所列出知识、能力和素质要求以相互联系、相互支持的方式进行统筹与整合，一体化地实现专业培养目标。

学校确定通用要求开设课程与培养要求的对应关系矩阵部分，各专业确定专业要求开设课程与培养要求的对应关系矩阵部分。

具体内容可参考附件 3。

(三)优化专业课程体系

各专业要根据培养要求，按照知识、能力、素质结构的内在联系和教育教学规律，完善由通识教育课程、专业基础课程、专业核心课程、专业拓展课程等组成，必修与选修课程、理论与实践课程结构合理，课程之间、课程模块之间有机衔接的课程体系。

1. 主干学科、核心课程及主要实践性教学环节

参考《普通高等学校本科专业目录和专业介绍(2012 年)》确定。

2. 学时与学分

(1)学时

以专业培养计划规定的基本修业年限为依据，本科四学年教学总学时，原则上师范类专业在 2400～2600 学时，非师范人文社科类专业在 2300～2500 学时，非师范理、工、农类等专业在 2400～2600 学时。

专升本两学年教学总学时，原则上师范类专业在 1000～1100 学时，非师范人文社科类专业在 950～1050 学时，非师范理、工、农类等专业在 1000～1100 学时。

(2)学分

学分包括理论教学学分、实践教学环节学分和综合教育学分。

本科理论教学学分、实践教学环节学分总和，人文社科类专业总学分 160 学分，理工农医类专业总学分 170 学分，一般每学年安排 40 学分左右。理工农医类专业实践学分比例要达到 30%以上，人文社科类专业要达到 20%以上，师范生教育实践累计不少于 1 个学期。

专升本理论教学学分、实践教学环节学分总和，人文社科类专业总学分 80 学分，理工农医类专业总学分 85 学分，一般每学年安排 40 学分左右。理工农医类专业实践学分比例要达到 30%以上，人文社科类专业要达到 20%以上，师范生教育实践累计不少于 1 个学期。

综合教育学分由《德州学院综合教育学分管理办法》规定，不纳入学分制改革收费范围。

(3)学期安排

本科培养方案按四学年安排，每学年 2 个学期，共 8 个学期。四学年 208 周，其中课堂教学 140 周，法定假期 44 周（含暑假和节假日），入学教育和军训 3 周，劳动实践 2 周，复习考试 16 周，实践教学环节累计周数，根据各本科专业人才培养目标和规格要求灵活安排。

专升本培养方案按两学年安排，每学年 2 个学期，共 4 个学期。两学年 104 周，其中课堂教学 75 周，法定假期 22 周（含暑假和节假日），复习考试 8 周，实践教学环节累计周数，根据各本科专业人才培养目标和规格要求灵活安排。

本科、专升本原则上每学期平均按 20 周安排教学时量，其中课堂教学 16 周，复习考试 2 周，社会实践 1 周，机动 1 周。课程安排应循序渐进、松紧有度、难易适中，一般各专业应在 20 学分左右安排学时量，其他教学环节，根据各专业特点，由各教学单位灵活安排。

(4)学分计算

理论教学课每 16 学时计 1 学分；实验课、计算机上机、体育课和其他技能课等每 32 学时计 1 学分；生产实习、专业实习、毕业实习、社会调查等集中进行的实践教学环节，每周计 1 学分；毕业论文（设计）8 学分。

(5)学分置换（替代）

学生在满足《德州学院综合教育学分管理办法》规定的综合教育学分前提下，其他创新学分和技能学分可置换已修课程（实践环节）学分，替代未修读课程（实践环节）学分、已修不合格课程（实践环节）学分。

学分置换（替代）原则见附件 4。

3.课程设置

课程设置要围绕“实基础、强实践、求创新、宽视野、高素养、重责任”的创新性应用型人才要求，重构课程体系。课程由通识教育课程（公共基础必修、公共选修模块)、专业基础课程、专业核心课程、专业拓展课程(专业选修模块)等组成,采用“平台＋模块”的形式,分必修课、选修课两种类型。

平台由公共基础、专业基础、专业核心三个层次不同但又相互联系、逐层递进的必修课系列组成,实施素质型的通识教育,体现基础教育和共性教育,反映人才培养的基本规格和层次要求,这是专业准出标准的最低要求。

模块由公共选修模块和专业选修模块组成。学生在达到专业准出标准的前提下,可根据院系的多元培养分流机制,自主选择个性化课程模块,在完成所有应修学分并满足其他毕业条件后准予毕业。

课程体系由通识教育课程、专业教育课程、实践环节等组成。

课程类型、学分及比例分配表见附件 5。

(1)公共基础平台

公共基础平台是为提高全体学生的道德素质、身心素质,掌握基本知识与培养基本能力而设置的通识教育课程,包括思想政治理论、公共外语、计算机基础、大学生创业教育、公共体育、军事理论与训练、大学生心理健康教育和大学生职业发展与就业指导等课程,总学分 43 学分。公共基础平台由学校统一安排开设。

公共基础平台课程说明见附件 6。

(2)专业基础平台

专业基础平台是为学生掌握相关学科领域的最基础知识而设置的课程。实施“专业招生,大类培养”,按学科或专业大类组织基础课程教学,保持专业知识结构体系的相对完整性,保证所培养的学生具有扎实的学科基础和良好的发展后劲,实现基础知识扎实、专业面向宽厚的培养目标。同一专业类专业的专业基础平台的课程,可在前 4 学期统一设置;专业基础相近但不属同一专业类的专业基础平台课程,可在 1～3 学期统一设置。

高等数学、大学物理等基础课程,采取分级、分类教学。根据不同专业的要求,开设不同级别和类型的课程。各专业可根据本专业培养要求,确定本专业学生修读的课程级别、类型、内容、学时和学分。由教务处协调有关开课院(系)统一安排开设。为保证教学质量,同一层次课程实行“四统一”,即统一大纲,统一要求,统一考试,统一阅卷。

其中,高等数学课程安排见附件7。

(3)专业核心平台

专业核心平台为该专业公共基础平台、专业基础平台外,本专业学生必须修读的必修课程。各专业要根据本专业的培养目标和培养要求,在认真研究本专业学生知识、能力和素质结构的基础上确定。专业核心平台课程,一般应在3～5学期开设。

(4)公共选修模块

公共选修模块由6个系列课程组成。A类:大学语文与应用写作类;B类:传统文化、世界文明与文学艺术修养类;C类:经济管理与法律类;D类:科学技术、环境保护与可持续发展类;E类:人际交往类与身心健康类;F类,拓展提高与创新创业教育类,学生在校期间须修够10学分。

公共选修模块课程说明暨选课要求见附件8。

(5)专业选修模块

根据“学程分段、方向分流、分类培养”的人才培养思路,各院(系)根据国家需要、社会需求、办学条件和学生个性发展需要,在确定专业基础平台、专业核心平台课程的基础上,确定专业方向和选修模块。根据学分制管理改革要求,应增加选修课程比例,科学设置模块化选修课程。专业选修课应内容精简、规格小型。在保证专门人才基本规格和普遍要求的基础上,为学生根据自身特点制订个性化学习计划和目标创造条件,提供多样化的培养形式和成才途径。专业选修课总学分不少于专业课总学分的30%。

(6)专升本课程设置

专升本课程参照本科三、四学年设置,重在提升学生的学术研究能力和综合素养,为学生职业生涯可持续发展奠基。各院(系)根据学生个性化发展需要,科学设置门类丰富、内容精简、规格小型的专业选修课程,在保证人才培养基本规格的基础上,为学生根据自身特点制订个性化学习计划和目标创造条件，提供多样化的培养形式和成才途径。学生在校期间须修够公共选修模块课程 4 学分，完成毕业论文 8 学分。

（四）强化实验实践教学

各专业要以学生的实践能力培养与社会生产一线密切结合为着重点，建立相对独立的实践教学体系，完善“四层次”（基本素质、基础技能、专业技能、综合训练）、“八模块”（素质拓展、基础技能、专业实验教学、专业综合能力、工程训练、综合实习、科研训练、创新训练）的实践教学内容结构，保证学生实践能力培养“四年不断线”。

加强对实验、实习（实训）、课程设计、社会实践、毕业设计（论文）和课外科技活动等实践性教学环节的整体优化和系统设计，引导学生开展自主性实践教学活动。增加实践教学的学时，提高实践教学的学分要求，理工农医类专业实践学分比例要逐渐达到 30％以上，人文社科类专业要逐渐达到 20％以上，师范生教育实践累计不少于 1 个学期。要推进实验内容和实验模式的改革和创新，提高综合性、设计性实验比例，增加开放实验、自选实验比例。

可根据专业培养实际需要，灵活设计课程见习、（毕业）实习（实训）、社会实践等活动；鼓励充分利用寒暑假时间灵活开展相关实习（实训）、实践活动；积极开展校内外实践协同育人，合作共建专业、实验与实训平台，推动师资与课程等资源共享；鼓励各专业同国内外知名高校开展学分互认、访学、第二校园经历等类型多样的交流学习。

（五）融入创新创业教育

各专业要注重学生创新思维和创业意识与能力的培养，明确创新创业教育目标要求，将创新精神、创业意识和创新创业能力纳入人才培养质量标准。要构建有机统一贯穿始终的创新创业教育体系。在课程体系中科学设置创新创业必修课、选修课以及实践环节，纳入学分管理。要按照学校创新创业学分认定相关办法，把第二课堂创新创业教育实践活动整合纳入人才培养体系，实现两大课堂互动互融，形成完善的创新创业教育体系。

建立课外创新教育体系（大学生创新性实验计划、课外科研基金项目、科技活动节、学科竞赛、创新讲坛等）和逐层递进的创新能力训练体系（演示性、验证性实验→综合性、设计性实验→创新性实验→课外科研项目→学科竞赛→专业实践→毕业论文〔设计〕），实现理论与实践、课内与课外、校内与校外创新教育的有机结合，保证创新教育"四年不断线"。

实施创业认知教育、创业体验教育、创业实践培育三层递进"金字塔式"创业教育体系。在专业教育基础上，以创业意识和创业能力为核心，设置与专业课程体系有机融合的创业类课程；突出专业特色，通过举办讲座、论坛等方式，丰富学生的创业知识和体验；广泛开展创业实践活动，将创业实践活动与专业实践教学有效衔接；创造条件，建立大学生创业实习或孵化基地等，确保创业教育四年不断线。

设立创新学分与技能学分。创新创业总学分不少于10学分，其中创新创业实践学分不少于4学分。

创新创业教育汇总表见附件9。

（六）修读要求

1.修业年限与授予学位

本科基本修业年限为4年，弹性修业年限为3～8年。根据专业类别，明确学位授予类型。

2.毕业标准与要求

本科毕业的标准和要求是，在学校规定的弹性修业年限内，修满人才培养方案规定的课程及实践环节学分，而且满足下列条件：思想品德考核鉴定合格；参加普通话水平测试，且达到规定标准；参加《国家学生体质健康标准》测试合格；修满综合教育学分。

（七）指导性教学计划进程安排

根据专业培养要求，说明课程之间的逻辑关系，课程修读的先后顺序，建议学生修读的指导性教学计划进程。

（八）课程介绍及修读指导建议

包括专业基础课、专业核心课程介绍、课程修读指导建议，专业选修课目录等。

本科专业人才培养方案主要内容要求见附件10。

四、工作要求

（一）加强调研论证

各专业要广泛深入开展调查研究，准确把握专业发展前沿动态和同行业、同类别高校相同或相近专业的建设状况，充分学习借鉴同类应用型大学的人才培养和教育教学经验。要深入行业企业一线，积极开展毕业生就业状况跟踪调查和用人单位满意度调查，全面了解社会对专业人才的岗位需求和知识能力结构需求。要认真听取任课教师和学生对人才培养方案的意见和建议。要以多种形式，邀请教师和学生代表及相关行业企业专家学者，对新编制的人才培养方案进行科学论证，切实在新版人才培养方案中解决专业人才培养过程中存在的突出问题。

（二）提高方案编制工作的参与度

在编制人才培养方案工作中，各专业要充分调动广大教师尤其是学科带头人、专业负责人及核心课程主讲教师的积极性和主动性，广泛吸纳校外专家学者、毕业生、用人单位深度参与。

（三）加强规范管理

人才培养方案编制工作以教育部《普通高等学校本科专业目录和专业介绍（2012年）》为基本依据。各专业人才培养方案要符合专业教学质量国家标准和专业评估要求，对已出台专业认证标准的专业，要参考借鉴认证标准中的相关要求；要强化过程管理，不得随意变更或调整，确保严格执行到位。

五、组织实施

1. 学校成立本科专业人才培养方案编制工作领导小组，统筹协调该项工作。领导小组组长由分管教学校领导担任，成员由院部负责人和教务处、学生处、人事处、资产处、实验管理中心、招生就业处、团委等部门组成。领导小组办公室设在教务处。

2.各院部应高度重视人才培养方案的编制工作，根据学校的总体部署和进度安排，积极开展调研论证，保质保量按时完成各项任务。

(1)各学院应聘请校外行业企业专家(企业、社会、政府、相关协会、学会等部门)参与人才培养方案的编制工作；同时明确专业负责人，具体负责专业人才培养方案的编制工作。

(2)各专业应进一步明确专业培养目标和培养模式，明确毕业要求，认真撰写人才培养方案，注意课程设置的学时与学分的关系，注重学时与学分的要求，形成设置科学、逻辑清晰、安排合理、易于执行的人才培养方案，经反复论证、修改完善，形成初稿，提交学校教务处。

(3)学校组织专家对人才培养方案进行审议，并经学校教学工作委员会审定后，报学校研究审批后执行。

六、特别说明

根据省教育厅要求，校企合作本科专业、专升本专业、春季高考专业参照本意见执行。

附件：

1.培养目标参考依据

2.培养目标通用要求参考

3.开设课程与培养要求的对应关系矩阵

4.学分置换(替代)原则

5.课程类型、学分及比例分配说明

6.公共基础平台课程说明

7.高等数学课程安排

8.公共选修模块课程说明暨选课要求

9.创新创业教育学分设置说明

10.本科专业人才培养方案主要内容要求

11.指导性教学计划进程

12.创新创业实践学分认定标准

13.课程编码规则

附件 1　培养目标参考依据

一、本科属性:国家要求

1.高等教育法:根据 2015 年 12 月 27 日第十二届全国人民代表大会常务委员会第十八次会议《关于修改〈中华人民共和国高等教育法〉的决定》修正的《中华人民共和国高等教育法》,本科教育应当使学生比较系统地掌握本学科、专业必需的基础理论、基本知识,掌握本专业必要的基本技能、方法和相关知识,具有从事本专业实际工作和研究工作的初步能力。

2.《普通高等学校本科专业目录和专业介绍(2012 年)》的该专业介绍。

二、应用属性:学校定位

1.学校办学定位是地方性应用型高水平大学,学校人才培养目标定位是实基础、强实践、求创新、宽视野、高素养、重责任的创新性应用型人才。

2.应用型与研究型区别:同为本科层次。应用型更偏向实践应用能力,研究型更注重学术研究能力。

3.应用型与技能型区别:层次不同。技能型,高职层次,服务面向是具体的工作岗位;应用型,本科层次,服务面向是行业领域,应该具有更强的适应能力。

三、时代属性:创新创业教育

创新创业教育是高等学校落实国家创新驱动发展战略、推动大众创业、万众创新的有效途径。本科层次的应用型人才,必须具有强烈的社会责任感,具有一定的创新精神、创业意识和创新创业能力,这是建设创新型国家、实现中华民族伟大复兴的中国梦的时代要求。

四、内容要求

1.学校人才培养目标:基础知识扎实、专业面向宽厚,具有较强的实践能力、突出的创新精神、高度的社会责任感,科学精神与人文素养协调发展,面向地方经济建设和社会发展的创新性应用型人才。

2.知识结构、应用能力、综合素质:应根据《普通高等学校本科专业目录和专业介绍(2012年)》中相应专业的培养目标描述,结合学校重构"实基础、强实践、求创新、宽视野、高素养、重责任"的创新性应用型人才培养体系的要求确定。

3.服务面向:根据学校人才培养"可到相关学科领域进一步深造,或基层行政事业单位工作人员,中小型企业中高端技术与管理岗位人员"的服务面向定位,结合专业面向的产业(行业)进一步细化。

4.人才类型:根据《普通高等学校本科专业目录和专业介绍(2012年)》中相应专业的人才类型描述,在学校"创新性应用型人才"培养目标基础上,结合专业主导方向和专业特色进一步明确。

附件2 培养目标通用要求参考

一、通用要求概括内容(在各专业培养要求中要体现)

1.思想政治素质:坚定中国特色社会主义共同理想,自觉践行社会主义核心价值观。

2.道德法纪素质:具有良好的规则意识,遵守道德规范和纪律法规。

3.身心健康素质:具备健康的身体素质和心理素质。

4.科学文化素养:掌握一定的人文社会科学、自然科学、工程技术等基础知识,具备良好的人文素质和科学素养。

5.信息应用能力:具有较好的信息获取、评价、交流、传递和应用的能力。

6.语言交际能力:具有一定的国际视野和跨文化环境下的交流、竞争与合作的初步能力。

7.创新创业能力:具有追求创新的态度和创业意识,具有良好的思维方式

8.还可包括其他通用能力,如团队协作能力,自我学习能力等。

二、通用要求详细内容(在通识教育课程要求中应体现)

1. 思想政治素质：坚定中国特色社会主义共同理想，自觉践行社会主义核心价值观。

(1)正确的思想政治认知：掌握马克思列宁主义、毛泽东思想和中国特色社会主义理论体系；理解党的路线方针政策和民族团结政策；认识社会主义核心价值体系、社会主义核心价值观、中国梦和世情、国情、省情；了解时事形势；了解中国史特别是中国近现代史，国防教育和国家安全的基本知识等。

(2)积极的思想政治行为：具有社会主义核心价值体系、社会主义核心价值观进行思想政治判断、选择、评价的能力，自觉践行社会主义核心价值观。

(3)坚定的思想政治信念：树立正确的世界观、人生观、价值观，坚持马克思主义指导思想，坚定中国特色社会主义共同理想，成为社会主义核心价值体系、社会主义核心价值观、中国梦的坚定信仰者与自觉追求者。

2. 道德法纪素质：具有良好的规则意识，遵守道德规范和纪律法规。

(1)全面的道德法纪认知：理解规则意识、权利义务、责任意识，掌握社会主义道德基本理论、社会主义基本法律体系理论，知晓道德规范基本内容和社会主义荣辱观，掌握大学生人家交往、婚姻家庭的基本原则，了解生态文明。

(2)规范的道德法纪行为：具有社会主义核心价值体系、社会主义核心价值观进行道德判断、选择、评价的能力，具有按照法律规定思考和分析法律问题的能力，遵守道德规范和纪律法规。

(3)良好的道德法纪习惯：具有良好的遵守道德法纪意识，养成自觉遵守道德法纪的习惯。

3. 身心健康素质：具备健康的身体素质和心理素质。

(1)掌握科学锻炼的基础知识、基本技能和有效方法，掌握心理健康的基本知识和心理调适的基本方法，了解心理健康标准。

(2)学会至少两项终身受益的体育锻炼项目，具有根据心理健康标准进行自我诊断、自我调适的能力。

(3)养成良好的锻炼习惯,体质健康测试合格,保持心理正常状态。

4.科学文化素养:掌握一定的人文社会科学、自然科学、工程技术等基础知识,具备良好的人文素质和科学素养。

(1)掌握中华民族优秀传统文化,了解世界文化和文明的主要成就;认识自然科学、社会科学、人文艺术等学科的精华;了解系统科学等当代科学知识的精华。

(2)学会人文艺术等学科的某种专门化知识技能。

(3)具备中华文化素养,了解科学技术对社会和个人所产生的影响。

5.信息应用能力:具有较好的信息获取、评价、交流、传递和应用的能力。

(1)获得扎实的计算机及信息技术应用、文献检索等工具性知识,掌握常用的信息检索方法;了解与信息检索、利用相关的法律、伦理和社会经济问题知识。

(2)具有确定所需信息的性质和范围的能力,有效获得所需信息的能力;能够正确评价信息,具有将信息融入到自身知识体系中的能力;具有能够有效地组织、管理信息并与他人交流信息的能力。

(3)能够有效地利用信息完成一项任务,如在课程设计(论文)、毕业设计(论文)及科研成果中参考文献等信息资源的使用能力。

(4)具有强烈的信息意识,具备不良信息的识别、抵抗能力,能够遵循在获得、存储、交流、利用信息过程中的法律和道德规范。

6.语言交际能力:具有一定的国际视野和跨文化环境下的交流、竞争与合作的初步能力。

(1)具有较好的听、说、读、写等外语交流技能,基本满足日常生活、学习和未来工作中与自身密切相关的信息交流的需要,能够在日常生活、学习和未来工作中就熟悉的话题使用外语进行较为独立的交流。

(2)对全球性问题有正确的认知与理解,有较好的跨文化交际意识。

7.创新创业能力:具有追求创新的态度和创业意识,具有良好的思维方式。

(1)掌握基本的创新方法,并在专业学习中得到较好应用。

(2)掌握创业的基础知识和基本理论,熟悉创业的基本流程和基本方法,了解创业的法律法规和相关政策。

(3)能够运用科学的思维方法解决实际问题。

附件3　开设课程与培养要求的对应关系矩阵

开设课程与培养要求对应关系矩阵,是将专业培养要求中的知识、能力和素质要求,落实到开设课程等具体的教学环节中,从而实现专业培养目标。为准确描述培养要求,借鉴Bloom将认知分成6个(依次递增)层次的来描述。表1为×××××××××专业培养程度要求,表2、表3、表4分别为知识、能力、素质培养要求实现矩阵。

表1　专业培养程度要求　略

表2　知识培养要求实现矩阵　略

表3　能力培养要求实现矩阵　略

表4　素质培养要求实现矩阵　略

附件4　学分置换(替代)原则

1.与专业关系不密切的创新学分和技能学分可置换(替代)公共选修模块课程,但不超过6学分。

2.与专业密切相关的创新学分和技能学分可置换(替代)专业选修模块课程(实践环节)0～30学分。

3.参加省级及以上部门组织的统一考试取得的创新学分与技能学分,可置换(替代)本专业人才培养方案中规定的相应课程(包括必修课、选修课,实践环节)学分。

4.学分置换(替代)通识教育课程,由教务处提出方案。学分置换(替代)专业基础课程、专业核心课程、专业拓展课程,由二级学院提出与本专业人才培养方案中课程的对应置换(替代)方案,教务处认定。学分置换(替代)方案在学生入学时公布。

附件5　课程类型、学分及比例分配说明

课程类型、学分及比例分配表(略)

附件6　公共基础平台课程说明

公共基础平台是为提高全体学生的道德素质、身心素质,掌握基本知识与培养基本能力而设置的通识教育课程,包括思想政治理论、公共外语、计算机基础、创业基础、公共体育、军事理论与训练、大学生心理健康教育和生涯规划与就业指导等课程,总学分44学分。

一、思想政治理论课程

思想政治理论课程高扬马克思主义的伟大旗帜,把立德树人作为中心环节,旨在培养学生对社会及历史发展的正确认识,帮助学生树立科学的世界观、人生观、价值观,促进学生身心健康发展。思想政治理论课程包括“马克思主义基本原理”“毛泽东思想和中国特色社会主义理论体系概论”“中国近现代史纲要”“思想道德修养与法律基础”“形势与政策”和“思想政治理论课综合实践课程”等6门课程,计16学分。对于政治、法律、财经等专业,可在覆盖思想政治理论课教学基本要求的前提下,确定本专业的课程设置。

“马克思主义基本原理”“毛泽东思想和中国特色社会主义理论体系概论”“中国近现代史纲要”“思想道德修养与法律基础”4门课程在一、二年级开设,本着重在“进头脑、要管用”的原则,适量压缩理论课时,增加实践学时。实践教学主要内容是与课程教学内容同步并与社会现实紧密关联的理论难点、社会热点和焦点问题,主要形式是与教学内容相宜的小组讨论、个人演讲、读书报告会、教学竞赛、现实场景活动模拟、社会调查、观看教学视频、参观革命基地、社会公益活动等,强调学生亲自参与教学活动,侧重学生分析问题、解决问题能力的培养。“形势与政策”课程依据教育部“形势与政策”最新教学要点,结合学校“形势与政策”课程教学实际,利用学生政治学习和课余时间按专题讲授,不占课内学时,每学期开设。“思想政治理论课

综合实践"课程意在落实《中共中央、国务院关于进一步加强和改进大学生思想政治教育的意见》精神，加强思想政治理论课实践教学，使理论教育与社会实践教育紧密结合，进一步提高学生的马克思主义理论素养。"思想政治理论课综合实践"课程教学随同思想政治理论课程理论教学进行。

在大学三、四年级，开设以内容"新、深、宽"和专题化为特色的思想政治理论高级选修课模块，包括"当代世界经济与政治""马克思主义新透视""马克思主义中国化""当前社会热点问题透析"等课程，每门课程均开设1学期，2学分，供学生选修。

思想政治理论课程是对大学生进行系统思想教育的主渠道和主阵地，要严格执行教育部和中宣部有关文件要求，坚持正确的政治方向；要以理服人，以情感人，务求实效；要贯穿教育教学全过程，做到思想政治教育四年不断线，实现全程育人、全方位育人。

二、公共外语课程

公共外语课程兼具工具性和人文性的双重属性，旨在培养学生的外语综合应用能力，使他们在今后的工作和社会交往中能够有效地使用外语进行口头和书面的信息交流，有助于培养学生的语言实践能力，帮助其树立国际视野，提升人文素养。公共外语课程是面向非外语专业学生开设的公共必修课，在大学一、二年级开设，共四个学期，总学分12学分。公共外语，以开设大学英语为主。可根据需要开设俄语、日语、汉语等语种。

大学英语包括"综合英语"和"大学英语视听说"两大课系。"综合英语"以训练和提高学生的英语阅读、写作和翻译技能为目标，通过丰富的课堂练习和活动，提高学生英语综合应用能力。"大学英语视听说"通过丰富、真实的音频视频材料与精心设计的听说活动，训练和提高学生的英语听力和口语能力。通过大学英语网络课程资源、"英语在线"网络教学平台、"空中英语"调频广播电台，指导学生编辑英文报纸，举办英语辩论赛、英语朗诵比赛、英语配音比赛等各类校园英语竞赛，参加国家级和省级各种英语竞赛等多种形式的第二课堂活动，丰富学生英语学习体验，拓宽视野，培养学习兴趣，提高综合素养。

同时，为保证大学英语教学四年不断线，开设公共英语普选课程模块和高级英语课程模块。公共英语普选课程模块，包括“英美概况”“英美报刊选读”“应用英语写作”“英语口语”“英语演讲”“英语辩论”等课程；高级英语系列课程模块，包括“考研词汇”“考研阅读”“考研写作”“六级强化”“高级口译”“高级翻译”等。上述课程均开设 1 学期，2 学分。

三、计算机基础课程

计算机基础课程是非计算机类专业学生公共必修课程，总计 64 学时，其中讲授 32 学时，上机 32 学时，计 3 学分。计算机基础课程旨在提升学生的信息素养，培养学生掌握一定的计算机、网络和其他信息技术的基础知识、技术与方法，提高学生主动利用计算机、网络和其他信息技术解决本专业领域中问题的能力。课程应立足学生学习需要，强调问题解决，注重能力培养，倡导创新实践，教学内容兼顾深度和广度，根据各专业根据学科、专业特点需求开设。

同时，为保证计算机教学四年不断线，开设旨在强化学生信息运用能力的计算机选修课程模块，包括“计算机网络技术基础”“Visual Basic 程序设计”“AutoCAD 绘图基础”“多媒体课件制作”“计算机组装与维修技术”“计算机信息检索”“Flash 动画制作”“网络信息与安全”等，每门课程均开设 1 学期，2 学分。

四、大学生创业教育课程

大学生创业教育课程依据《普通本科学校创业教育教学基本要求》中“创业基础”教学大纲（试行）的要求，旨在通过讲授创业的基本概念、基本理论和基本知识，使学生了解创业的必要性与可行性，掌握创业的相关理论、实践技巧和政策法规，使学生具有创业的基本常识与思想准备，树立科学的创业观，培养学生具备必要的创业能力。大学生创业教育课程安排在第三学期开设，共 48 学时。以创业训练为主，理论讲授为辅，共计 2 学分。

同时，实施创业认知教育、创业体验教育、创业实践培育三层递进“金字塔式”创业教育体系。在专业教育基础上，以创业意识和创业能力为核心，设置与专业课程体系有机融合的创业类课程；突出专业特色，通过举办讲座、论坛等方式，丰富学生的创业知识和体验；广泛开展创业实践活动，将创业实践活动与专业实践教学有效衔接；创造条件，建立大学生创业实习或孵化基地等，确保创业教育四年不断线。

五、大学体育课程

大学体育课程旨在培养学生掌握有效提高身体素质、全面发展体能的知识与方法，养成良好的行为习惯和健康的生活方式，形成良好的体育锻炼习惯和终身体育意识，提高体育锻炼能力、体育文化素养和体育欣赏水平。全面发展体能和运动才能，培养协同合作精神和勇敢顽强的意志品质，养成积极乐观的生活态度，促进学生身心和谐发展。

大学体育课程为非体育类学生必修课，分普通体育必修课、专项体育必修课、公共选修课、专项运动训练、课外体育锻炼活动等。普通体育必修课安排在一年级，两个学期，每学期 32 学时，计 1 学分。两学期共 64 学时，共计 2 学分。专项体育必修课，包括足球、篮球、排球、武术、健美操等不少于 10 项的专项，安排在二年级。两个学期，每学期 32 学时，计 1 学分，两学期共 64 学时，共计 2 学分。因健康原因，不能参加正常体育课学习的学生，应修读“体育保健学”等课程，成绩及格者，可以替代体育必修课的修读学分。

同时，为保证大学体育教育四年不断线，开设保健、竞技、康复等体育类公共选修课，满足学生体育学习与锻炼需求。理论类课程每门课 32 学时，计 2 学分；实践类课程每门课可 64(32)学时，计 2(1)学分。在体育教师指导下的学生课外体育锻炼活动列入体育课程，每门课 64(32)学时，计 2(1)学分；为满足不同学生的运动兴趣而开设的体育技术技能需求专项运动训练、各级各类体育竞赛课余训练列入体育课程，每门课 64(32)学时，计 2(1)学分。

六、军事理论与训练课程

军事理论与训练课程旨在通过军事理论学习和军事技能训练，使大学生增强国防观念，激发爱国热情；树立集体荣誉感，掌握军事技能，养成军人作风和正常生活规律；增强体质，增进健康，养成吃苦耐劳、顽强拼搏、奋发向上、不断超越的意志品质。军事理论与训练课程包括军事理论教学和军事技能训练两个方面。军事理论教学利用课余时间结合军训集中授课,不占课内学时,时数为16学时,计1学分;军事技能训练为2学分。

七、大学生心理健康教育、大学生职业发展与就业指导课程

大学生心理健康教育课程旨在帮助学生养成良好的心理素质、意志品质和情感态度,促进学生认识结构的完善,及时疏导学生的心理问题,增强环境适应力,不断保持与增进身心健康。大学生心理健康教育课程是公共必修课,主要以专题形式进行,在第一学期开设。利用课余时间授课,共48学时。以心理训练为主,理论讲授为辅,各1学分,共计2学分。

大学生职业发展与就业指导课程旨在帮助学生正确地认知自我和社会,明确自身定位,合理地确立职业生涯目标,科学地规划自己的学业。同时引导学生正确对待就业难题,从容应对就业竞争;提升就业能力,为个人职场成功奠定基础。大学生职业发展与就业指导课程作为必修课主要以专题形式进行,理论课包括入学教育、学涯规划、职业生涯规划、择业教育、就业指导等内容,利用课余时间,结合入学教育、毕业教育集中授课。实践课以咨询指导、见习认知、模拟训练等方式分散进行。大学生职业发展与就业指导课程以实践训练为主,理论讲述为辅,在第五学期开设,各1学分,共计2学分。

探索大学生心理健康教育、大学生职业发展与就业指导两门课程统一设置。

附件7 高等数学课程安排

高等数学课程安排表(略)

附件8 公共选修模块课程说明暨选课要求

一、课程分类

A类:大学语文与应用写作、文学艺术修养类。大学语文与应用写作课程,重在掌握知识(语言知识、文字知识、文学知识、逻辑知识、写作知识、社会科学知识、日常生活知识等)、发展能力(语言表达能力,包括口语交际、朗诵、演讲与辩论、文学作品阅读、日常应用文写作、信息收集和处理、书法等）及培养思想性（世界观、人生观、价值观）、文化性（古今中外先进文化）、审美性（对自然美和道德美的欣赏）、发展性（智力、情感、意志等心理能力）、创造性（创新意识和创新能力）等人文精神。文学艺术修养类课程要普及文学艺术知识、陶冶情操与完善人格。

B类：传统文化、世界文明类。传统文化、世界文明与文学艺术修养类课程，重在培养提高学生的人文素养、爱国主义精神，建设社会主义现代化的使命感和责任心。中国传统文化类课程要了解中国的悠久历史、文明成就和优秀成果；世界文明类课程要了解世界文明的基本进程、特色和优秀成果。

C类：经济管理与法律类。经济管理类课程，重在掌握经济学、管理学的基本知识，培养合作、沟通能力和管理能力；法律类课程在必修课程“思想品德与法律基础”的基础上，进一步增强学生法律意识，加强法律修养。

D类：科学技术、环境保护与可持续发展类：科学技术、环境保护与可持续发展类课程，重在完善知识结构、开发逻辑思维，树立科学的发展观，提高科学素养。

E类：人际交往类与身心健康类。人际交往类课程，重在了解人际交往与沟通的基本方法，提高人际交往与沟通能力；身心健康类课程重在了解身体锻炼与保健、心理调整的基本方法，保持身体、心理及对社会适应的良好状态。

F类：拓展提高与创新创业教育类。拓展提高类包括思想政治理论课、计算机基础、公共大学外语等系列选修课程；创新创业类课程包括科技文化竞赛培训、创新方法指导、就业创业教育等系列选修课程。

二、选课要求

大学生公共选修课选课要求（略）

附件9　创新创业教育学分设置说明

创新创业教育学分汇总表（略）

附件10　本科专业人才培养方案主要内容要求

一、培养目标

二、培养要求

三、课程设置

(一)主干学科

(二)核心课程及主要实践性教学环节

(三)各环节学时学分比例

(四)开设课程与培养要求的对应关系矩阵

四、修读要求

(一)修业年限与授予学位

(二)毕业标准与要求

五、指导性教学计划进程安排

六、课程介绍及修读指导建议

附件11　指导性教学计划进程

指导性教学计划进程(略)

附件12　创新创业实践学分认定标准

创新创业实践学分认定标准(略)

附件13　课程编码规则

课程编码规则(略)

主要参考文献

一、著作

1. 中国社会科学院语言研究所词典编辑室:《现代汉语词典》,商务印书馆出版1978年版。

2. 辞海编辑委员会:《辞海》,上海辞书出版社1989年版。

二、论文

1. 李宇明:《论母语》,《世界汉语教学》2003年第1期。

2. 武晓平、单欣:《关注大学生语言生活状况,提高大学生母语能力素养——基于三所理工类大学学生语言生活状况的调研》,《长春理工大学学报》(社会科学版)2011年第11期。

3. 周莉:《大学生母语素质的调查与思考——对本科生毕业论文的调查》,《理论观察》2012年第3期。

4. 徐珠君:《提高大学生母语素养的探索与实践——基于普通话培训与测试视角》,《宁波大学学报》(教育科学版)2013年第9期。

5. 王玉珏、李洪亮:《大学生母语素质现状与对策研究——基于山东省部分高校为例》,《语文学刊》2016年第8期。

6. 屠国平:《大学生汉语言文字能力现状调查与对策研究》,《中国大学教学》2009年第12期。

7. 刘楚群、陈波:《大众教育背景下大学生母语素质问题探究》,《社科纵横》2010年第6期。

8. 武晓平、单欣:《关注大学生语言生活状况提高大学生母语能力素养》,《长春理工大学学报》(社会科学版)2011 年第 11 期。

9. 杨深林:《论“大学语文”协同教学的课程定位:人文化人——以湖北工程学院“大学语文”协同教学为例》,《湖北工程学院学报》2018 年第 3 期。

10. 瞿振元:《着力向课堂教学要质量》,《中国高教研究》2016 年第 12 期。

11. 潘懋元:《从高校分类的视角看应用型本科课程建设》,《中国大学教学》2009 年第 3 期。

12. 何玉海:《论课程标准及其体系建设》,《教育研究》2015 年第 12 期。

13. 何好:《信息时代下我国高校语文课堂教学内容的选择》,《才智》2013 年第 20 期。

14. 殷慧:《改变读书方法　提高阅读效果——谈读书方法对阅读教学效果的影响》,《中学语文》2014 年第 9 期。

15. 吴滨:《文章结构安排浅说》,《广西广播电视大学学报》2009 年第 2 期。

16. 李洪亮:《高校计算机辅助普通话水平测试规范化研究》,《中国考试》2011 年第 10 期。

17. 李洪亮:《基于计算机辅助普通话水平测试背景下的测试员管理研究》,《考试研究》2012 年第 5 期。

18. 戴梅芳:《浅谈普通话水平测试工作的管理》,《语言文字应用》1997 年第 3 期。

19. 齐影:《普通话测试员成长和培养的思考》,《广西教育》2010 年第 7 期。

20. 陆惠云:《从语言测试的诸要素看普通话水平测试的真实性和有效性》,《昆明师范高等专科学校学报》2008 年第 1 期。

21. 周金声、刘梦伟:《大学生母语水平状况调查及其改善对策——以湖北工业大学为主要案例》,《湖北工业大学学报》2013 年第 12 期。

22. 周金声、赵丽玲:《论加强大学语文教育是当前文化大发展大繁荣的需要》,《湖北工业大学学报》2012 年第 6 期。

23. 贺阳、徐楠、王小岩:《高校母语教育亟待加强》,2011 年 1 月 11 日《光明日报》。

24. 潘涌、李喜:《母语:民族文化的象征》,2018 年 4 月 13 日《中国教育报》。

25.《高校母语教育如何化解边缘困局》,2013 年 5 月 20 日《武汉晚报》。

26. 夏妍:《语言文字就是力量》,2016 年 10 月 18 日《光明日报》。

27. 杜占元:《开创语言文字事业新局面》,2017 年 2 月 12 日《光明日报》。

28. 姚喜双:《方块字书写经典,普通话咏诵中华》,2017 年 3 月 15 日《中国教育报》。

29. 周小琪:《内隐学习理论视野下中学生文言文语感培养策略研究》,重庆师范大学硕士论文,2008 年。

三、网上资料

1. 杜占元:《深入学习贯彻党的十九大精神推动新时代语言文字事业创新发展》,2018 年 4 月 10 日,http://www.moe.gov.cn/jyb_xwfb/moe_176/201804/t20180410_332753.html.

2. 习近平:《习近平在北京大学师生座谈会上的讲话》,2018 年 5 月 3 日,http://politics.people.com.cn/n1/2018/0503/c1024－29961468.html.

3. 吴岩:《介绍〈普通高等学校本科专业类教学质量国家标准〉有关情况》,2018 年 1 月 30 日,http://www.moe.gov.cn/jyb_xwfb/xw_fbh/moe_2069/xwfbh_2018n/xwfb_20180130/201801/t20180130_325928.html.

4. 教育部:《关于征求对〈教育部关于职业院校专业人才培养方案制订工作的指导意见(征求意见稿)〉意见的函》,2017 年 12 月 7 日,http://www.moe.edu.cn/s78/A07/A07_gggs/A07_sjhj/201712/t20171207_320877.html.

5. 中共中央国务院:《中共中央、国务院关于全面深化新时代教师队伍建设改革的意见》,2018 年 1 月 31 日,http://www.moe.edu.cn/jyb_xwfb/moe_1946/fj_2018/201801/t20180131_326148.html.

6.教育部:《2017 年全国教育事业发展统计公报》,2018 年 7 月 19 日,http://www.moe.gov.cn/jyb_sjzl/sjzl_fztjgb/201807/t20180719_343508.html.

7.李卫红:《围绕中心　服务大局　建设高水平专业化的推普工作队伍》,2014 年 5 月 23 日,http://www.moe.gov.cn/publicfiles/business/htmlfiles/moe/moe_176/201406/170368.html.

8.《德州学院大学生母语素质提升师生活动纪实》,德州学院新闻网,http://xwzx.dzu.edu.cn/news//.

后 记

德州学院高度重视语言文字规范化工作，以党的十八大、十九大精神为指导，认真贯彻落实《中华人民共和国国家通用语言文字法》《语言文字规划纲要》《山东省实施〈中华人民共和国国家通用语言文字法〉办法》等法规文件，深刻学习领会国家语委领导有关讲话精神，充分认识语言文字工作的重要性，将其与思想道德建设、校园文化建设、教学质量建设、精神文明建设紧密结合起来，纳入学校的人才培养方案，贯穿于教书育人的全过程，落实到科学研究、社会服务、传承文明的各个领域，形成了"规范、和谐、文明"的语言文字环境，呈现出"讲说普通话、书写规范字、吟诵古诗词、弘扬传美德"的可喜局面。学校荣获"全国语言文字工作先进集体"荣誉称号，被国家语委确定为"经典诵读"试点高校，顺利通过省语言文字规范化评估。

笔者长期在教务处负责语言文字工作，认真落实上级文件精神，创新开展了"普通话诊所""计算机辅助测试规范测试""经典诵读"等活动，得到了领导和同行的充分认可。2014 年，我时任教务处副处长、普通话水平培训测试站站长，作为主持人，获批国家语委科研项目"'一体两翼'大学生母语素质及提高模式研究"（课题编号：YB125-100）。项目获批后，笔者和课题组成员认真研究，大胆实践，完成了课题的研究任务。

全书由六章和附录组成。"第一章"是本书的起点，主要介绍了本研究涉及的基本概念、研究现状、研究意义、研究内容与方法等，第二章介绍了大学生母语素质的调查分析情况，第三章至第五章为研究的主体部分，第六章是研究成果在德州学院的实践与成效，附录为德州学院人才培养方案实施意见。

本书的撰写，第三章“大学语文”教学大纲部分内容由李桂廷副教授和赵祥宇、刘丽华同学撰写，“普通话”教学大纲由李景生教授、赵卫老师撰写。第六章纪实部分内容摘自德州学院新闻网。

在著作付梓之际，首先要感谢山东省语言文字工作委员会杜永娟副主任、赵光科长，德州学院李永平副校长、黄金元教授、姜山秀教授、李桂廷副教授、李景生教授、赵卫老师及赵祥宇、刘丽华同学前期所付出的努力，著作能够顺利出版的背后凝聚着你们的辛苦付出；同时也要感谢国家语委对著作出版的支持。特别需要指出的是，本书引用了众多专家学者的研究成果，因篇幅所限，未能一一注明，请诸位同行专家海涵。

与此同时，笔者也存在不安和遗憾。由于本人水平有限，深感研究还存在着许多不足之处，书中谬误或不妥之处在所难免，敬请同行专家和广大读者批评指正。

李洪亮

2018 年 9 月 22 日